Almuth Bartl

Viele klitzekleine Spielideen zur Auflockerung des Schulalltags

Illustriert von Tom Espen

Auer Verlag GmbH

Gedruckt auf umweltbewusst gefertigtem, chlorfrei gebleichtem
und alterungsbeständigem Papier.

1. Auflage. 1999
Nach der Neuregelung der deutschen Rechtschreibung

Gesamtherstellung: Ludwig Auer GmbH, Donauwörth
ISBN 3-403-0**2970**-0

Inhaltsverzeichnis

1 Auf ein Neues, liebe Schüler!

Minischultüten

Zugegeben, etwas aufwendig ist es schon, wenn man für jedes Kind eine Minischultüte basteln und füllen möchte. Aber der Effekt ist großartig. Schüler werden sicherlich nie vergessen, am ersten Schultag z. B. der dritten Klasse noch einmal eine Schultüte bekommen zu haben, und zwar eine ganz besondere von der neuen Lehrerin.

Die Tüten

Entweder man bastelt die Tüten aus buntem Ton- und Krepppapier oder man kauft einfache Papiertüten, die man eventuell noch mit bunten Stickern beklebt.

Der Inhalt:

- Alle möglichen Dinge, die man z. B. bei Banken als kostenloses Werbematerial erhält: Luftballons, Plastiklineale etc.;
- Etwas Süßes, z. B. Minipackungen Gummibärchen, Minischokoladenriegel;
- Gutscheine, z. B. einmal das Klassenmaskottchen übers Wochenende mit nach Hause zu nehmen;
- Gesammelte Gratis-Proben, z. B. Parfümfläschchen, Gästeseifen;
- Stifte, Radiergummis und ähnliches schultypisches Material.

Namenskärtchen

Für jedes Kind wird ein Namenskärtchen vorbereitet. Dazu zeichnet man mit dunklem Filzstift die Außenlinien der Buchstaben – eventuell mithilfe einer Schablone – auf das weiße Pappkärtchen.
Jeder Schüler hat am ersten Schultag die Aufgabe, die Buchstaben seines Namens bunt auszumalen.

Neue Schülernamen lernen

Bevor Sie Ihre neuen Schüler kennen lernen, nehmen Sie sich immer wieder die Klassenliste vor und studieren Sie die Vor- und Nachnamen!
Sprechen Sie die Namen laut und melodiös. So werden Sie alle Kinder in Rekordzeit mit dem richtigen Namen ansprechen können.

Ein Lehrer zum Anfassen

Erzählen Sie am ersten Schultag viel von sich selbst! Die Schüler interessiert alles, was mit Ihnen zusammenhängt, z. B.: Ist die Lehrerin verheiratet? Hat sie Kinder? Was isst sie am liebsten? Welche Lieblingsfarbe hat sie?
Zeigen Sie auch Fotos von Ihrer Familie, vom Haus, in dem Sie wohnen, von Bello, dem Hund, oder Alexander, dem Goldfisch, usw.

Das Foto-Spiel

Knipsen Sie von jedem neuen Schüler ein Foto am Tag der Schuleinschreibung!
Am ersten Schultag liegen alle Fotos mit dem Bild nach unten auf einem Tisch. Ein Kind darf sich eines dieser Fotos nehmen, anschauen und den darauf abgebildeten Mitschüler suchen, dem es das Foto schenkt.
Dann geht ein anderes Kind zum Foto-Tisch, deckt ein weiteres Foto auf usw.
Am Ende sollte jeder Schüler ein Foto von sich besitzen.

Tipp: Das Spiel macht auch größeren Kindern Spaß, z. B. wenn eine Klasse neu zusammengestellt wurde. Die Fotos knipst man dann am besten am ersten Schultag mit einer Polaroid-Kamera.

Erinnerungshilfen

Schüler der ersten Klasse tun sich anfangs oft sehr schwer, sich so viele Nachrichten zu merken. Da ist die Hausaufgabe, das Milchgeld, das Rundschreiben und vieles mehr. Folgende Maßnahmen können der Erinnerung auf die Sprünge helfen:

1. Eine Nachricht an die Eltern wird auf die Rückseite eines Buntpapierstreifens geschrieben. Diesen Streifen legt man dem Kind mit der bunten Seite nach außen ums Handgelenk und klebt das Ende mit einem lustigen Sticker fest.
2. Ein Schüler, der den Eltern eine spezielle Nachricht überbringen soll, bekommt ein Erinnerungsbändchen, z. B. aus geflochtenen Wollfäden, ums Handgelenk.
3. Ein lustiges Pflaster auf dem Handrücken erinnert bestimmt an die aufgetragene Nachrichtenübermittlung, weil spätestens beim Mittagessen die Mutter fragen wird: „Was hast du denn mit deiner Hand gemacht?"

Die Namen der Mitschüler kennen lernen

Die Schüler sitzen im Kreis. Ein Schüler nach dem anderen steht auf und nennt jetzt seinen Vornamen mit einem davor gestellten Adjektiv, das mit

dem gleichen Buchstaben beginnt wie der Name, z. B. „Ich bin der flotte Flori!“, „Ich bin die brave Brigitte!“.

Erstes Kennenlernen

Wenn die Schüler sich untereinander nicht kennen, dann ist dieses kleine Spiel besonders lustig.
Jedem Kind, das das Klassenzimmer betritt, wird ein Sticker auf die Hand geklebt, wobei immer zwei Kinder den gleichen Sticker erhalten. Irgendwann im Laufe des ersten Schultages gibt die Lehrerin das Startzeichen: Jetzt sollen sich die Kinder finden, die das gleiche Zeichen auf der Hand tragen.
Sobald sich die beiden gefunden haben, stellen sie sich einander vor und erzählen z. B., wie viele Geschwister sie haben, was sie am liebsten spielen, essen, lesen.

Treffer-Karten

Dieses Kennenlern-Spiel eignet sich besonders für die erste Schulwoche. Die Lehrerin hat viele verschiedene Aussagen gesammelt und jede auf eine Karte geschrieben, z. B.:

- Ich bin ein Einzelkind.
- Wir haben einen Hund.
- Ich war in den Ferien im Ausland.
- Wir haben ein rotes Auto.
- Mein Lieblingsfach ist Sport.
- Ich bin im Tischtennis-Verein.

Die Aussagen werden nacheinander vorgelesen. Auf wen die Aussage zutrifft, der meldet sich und erzählt noch etwas dazu. Beispiel: „Wir haben einen Hund.“ Ein anderer Schüler erzählt vielleicht, wie sein Hund heißt, welcher Rasse er angehört usw.

„Ich heiße Willi!“

Jeder Schüler stellt sich mit seinem Vornamen vor und gibt ein(e) geschwindelte(s) Herkunftsstadt(-land), ein geschwindeltes Lieblingsessen und ein ebenfalls geschwindeltes Hobby an. Wichtig ist nur, dass die Angaben mit dem gleichen Buchstaben beginnen wie der Vorname.

Beispiele:
„Ich heiße Willi, komme aus Wuppertal, esse gerne Würmer und gehe am liebsten zum Windsurfen.“
„Ich heiße Flori, komme aus Finnland, esse am liebsten Fisch und spiele gerne Flöte.“

Das Vorstellungs-Rennen

Die Kinder stellen sich im Pausenhof oder in der Turnhalle im Kreis auf. Nun darf ein Kind das Spiel beginnen. Es läuft außen um den Kreis herum, bleibt dann hinter einem beliebigen Mitschüler stehen. Der dreht sich zu dem Kind hinter sich um und die beiden stellen sich vor, z. B.: „Ich heiße Lisa.“ – „Und ich bin Philly.“
Nun rennen die beiden in verschiedene Richtungen um den Kreis herum, bleiben kurz stehen, wo auch immer sie sich wieder treffen, geben sich die Hände und sagen „Guten Tag“.
Gleich laufen sie weiter und jeder versucht der Erste zu sein, der die Lücke im Kreis schließen kann.
Wer übrig bleibt, saust gleich weiter zu seinem nächsten Rendezvous.

Das Namen-Memory

Ein Wecker wird gestellt, sodass er irgendwann während des Unterrichts läutet. Auf dieses Zeichen hin wird ein Kind ausgewählt – oder auch mal die Lehrerin –, das dann von Kind zu Kind geht und möglichst jedes mit seinem richtigen Namen anspricht.
Sobald es einem Kind gelingt, wirklich allen Mitschülern den richtigen Vor-

namen zu geben, wird das Spiel in den nächsten Tagen noch erschwert: Dann muss derjenige, der gerade an der Reihe ist, von jedem Kind den richtigen Vor- und Nachnamen nennen.

Beute am ersten Schultag

Kinder wollen so gerne Beute machen und etwas von der Schule stolz zu Hause vorzeigen.

Das könnte z. B. ein Bild sein, das in der Schule gemalt wurde, ein Polaroidfoto von dem betreffenden Kind an seinem neuen Platz, ein Belohnungssticker, ein Papierflieger, der gebastelt wurde, usw.

Das neue Wort

Lernen Sie den Schülern am ersten Schultag ein außergewöhnliches, kompliziertes Fremdwort oder ein Wort in einer anderen Sprache! Die Schüler bilden Sätze mit diesem Wort. Stolz werden sie nach Hause gehen und dieses besondere Wort, das sie an diesem Tag gelernt haben, den Eltern und Geschwistern erklären.

Schnelle Füller-Knüller für den ersten Schultag

Am ersten Schultag gibt es jede Menge Verwaltungsarbeit zu erledigen. Hier ein paar Tipps, wie sich Schüler ab der zweiten Klasse erfolgreich für kurze Zeit selbst beschäftigen können:

- Die Schüler sollen auf vorbereitete Pappschildchen ihren Namen schreiben und dieses Namensschild auch noch nach Lust und Laune verzieren.
- Jeder Schüler darf sich, je nach Interesse, ein neues Schulbuch aussuchen und darin schmökern.
- Ein mit Gummibärchen gefülltes Glas wird auf das Pult gestellt. Die Schüler sollen schätzen, wie viele Gummibären wohl insgesamt im Glas sind, bzw. wie viele es von jeder Farbe gibt. Das Kind, dessen Schätzung der Wirklichkeit am nächsten kommt, darf die Bärchen am Ende des ersten Schultages an die anderen Kinder verteilen.

Who is who?

Fotografieren Sie Kollegen und alle anderen Personen, die an der Schule arbeiten. Kleben Sie die Fotos auf einen großen Bogen Tonpapier und versehen Sie jedes mit einem Symbol, das auf die Tätigkeit des Fotografierten hinweist. So erscheint z. B. ein Buch neben dem Foto der Bibliothekarin, eine Brezel neben der Frau des Hausmeisters, die in der Pause immer die Backwaren verkauft.

Das Namen-Suchsel

Die Kinder sollen in einem Buchstabengitter möglichst viele Vornamen der Mitschüler und natürlich auch den eigenen finden und einrahmen.
Die Lehrerin bereitet das Suchsel vor, stellt für jeden Schüler eine Kopie her und verteilt diese zum fröhlichen Namensuchen.

M	I	R	A	W	A	L	T	E	R	M	A	R	I	U	S
O	M	A	X	O	L	K	A	T	H	A	R	I	N	A	T
N	P	H	I	L	I	P	E	T	E	R	E	N	A	T	E
I	X	U	Y	F	N	O	A	H	T	K	T	I	M	O	F
K	W	W	T	G	A	K	A	I	O	U	D	O	R	A	A
A	L	E	X	A	N	D	E	R	M	S	T	E	F	A	N
A	N	T	O	N	N	D	A	N	I	E	L	A	U	L	I
I	L	S	E	G	A	B	I	B	R	I	G	I	T	T	E

Nachdem die Vornamen der Schüler ins Gitter eingetragen wurden, füllt man die übrigen Felder mit beliebigen Buchstaben aus.

Tipp: Oder Sie kehren das Spiel um, geben den Kindern das leere Gitter und fordern sie auf, so viele Vornamen der Mitschüler wie möglich einzutragen.

Ein Name mit Inhalt

Zu Beginn des Schuljahres macht den Kindern diese Bastelhausaufgabe besonders viel Spaß.
Noch in der Schule darf jeder auf ein sehr großes Zeichenblatt, auf ein Stück Packpapier oder auf weiße Tapete die Umrisse seines Vornamens schreiben.

Etwa so:

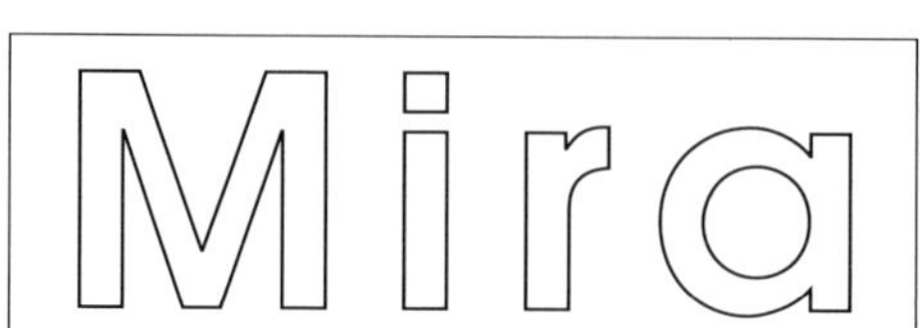

Zu Hause werden dann alte Illustrierte, Prospekte und Kataloge gewälzt und all die kleinen Bildchen ausgeschnitten, die irgendetwas mit der Person zu tun haben.
Ein Kind, das gerne Fußball spielt, wird also vermutlich einen Fußball und ein Bild eines bewunderten Fußballspielers ausschneiden. Dazu kommt dann vielleicht noch ein Bild von einem Teller Spaghetti, von seiner Lieblingsschokolade usw.
Wichtig ist, dass die Buchstaben des Vornamens vollständig mit Bildern ausgefüllt werden.
Am nächsten Schultag werden die Namens-Collagen im Schulzimmer aufgehängt und jedes Kind erzählt den Mitschülern, warum es genau diese Bilder in seinen Namen geklebt hat.

Das Kind des Tages

Am Anfang der ersten Klasse sollen sich die Kinder natürlich erst einmal kennen lernen. Jeden Tag wird ein Kind zum „Kind des Tages". Die Eltern werden bei einem vorausgehenden Elternabend aufgefordert, einige Fotos (etwa sechs Stück) von ihrem Kind, seiner Familie, dem Haustier, dem Lieblingsspielzeug usw. vorzubereiten. Die Fotos werden dann für einen Tag an eine Pinnwand geheftet und das Kind bekommt im Laufe des Schultages die Möglichkeit, zu den Fotos zu sprechen. Gerade das Sprechen vor der Klasse ist für einige Kinder schon fast eine Mutprobe. Aber die Fotos der Familie, der bekannten und geliebten Personen, Tiere und Gegenstände helfen ganz prima, diese Scheu zu überwinden.

Rückenansicht

Dieses Kennenlern-Spiel ist besonders für die erste Klasse zu empfehlen. Jedes Kind wird von hinten fotografiert. Diese Rückenansichten werden dann nebeneinander im Klassenzimmer aufgehängt. Nun können alle Kinder staunen, selbstverständlich die eigene Rückenansicht heraussuchen und dann überlegen, welche Kinder da jeweils auf den anderen Fotos abgebildet sind. In Gruppengesprächen wird dann noch darüber nachgedacht: Wer ist leicht zu erkennen und warum? Wen konnte man von hinten gar nicht erkennen? Warum?

Tipps: 1. Heben Sie die Rückenansichten nach Gebrauch gut auf, knipsen Sie von jedem Kind noch eine Vorderansicht und lassen Sie Partnergruppen mit allen Fotos spielen. Dabei geht es darum, jeder Vorderansicht die entsprechende Rückenansicht zuzuordnen.

2. Verwenden Sie die Fotos als Kärtchen für ein lustiges Schüler-Memory. Jeweils zwei Ansichten eines Schülers gelten als Memory-Paar. Gespielt wird in Gruppen oder Partnergruppen nach den bekannten Spielregeln.

Mein Puzzlefreund

Schneiden Sie Pappquadrate in jeweils zwei Puzzleteile und dabei jeweils in unterschiedlichen Formen, z. B.:

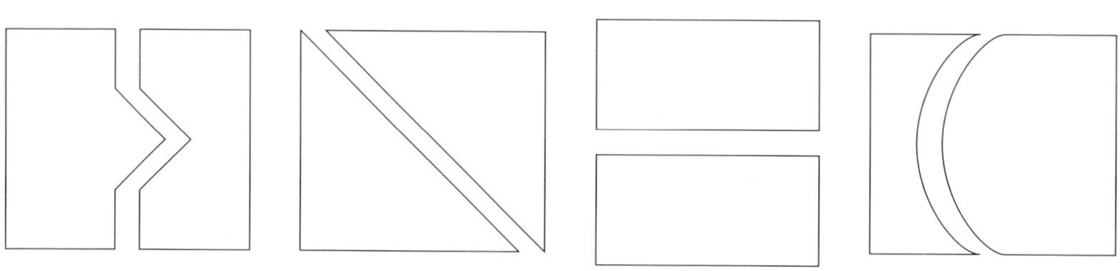

Es müssen so viele Puzzleteilchen vorhanden sein, wie Schüler anwesend sind. Bei einer ungeraden Schülerzahl spielt die Lehrerin ebenfalls mit. Jedes Kind darf am Morgen, wenn es das Klassenzimmer betritt, ein Puzzleteilchen ziehen. In den ersten fünf Minuten des Tages dürfen sich jeweils die beiden Schüler, die zusammenpassende Puzzleteile gezogen haben, unterhalten und befragen. Das ist natürlich besonders spannend, wenn man die Lehrerin als Partnerin gezogen hat!
Sind die fünf Minuten vorbei, werden die Puzzleteilchen wieder eingesammelt und für eine weitere Spielrunde am nächsten Morgen aufbewahrt.

Darf ich vorstellen?

Alle Schüler stellen sich der Größe nach oder entsprechend dem Anfangsbuchstaben ihres Vornamens in alphabetischer Reihenfolge auf.
Dann bilden immer zwei nebeneinander stehende Schüler eine Interviewgruppe. Gegenseitig befragen sie sich nach Namen, Geschwistern, Lieblingsfächern, Hobbys usw.
Nach etwa fünf Minuten ist die Interviewzeit vorbei. Alle Schüler, bis auf eine Partnergruppe, setzen sich wieder auf ihre Plätze. Die beiden übrigen Schüler stellen sich jetzt gegenseitig den Mitschülern vor, z. B.: „Das ist Katrin. Sie ist sieben Jahre alt und hat einen Hund. Der Hund heißt Gustav und schläft vor ihrem Bett. Sie hat zwei kleinere Geschwister."
Dann werden die Rollen getauscht und Katrin stellt das andere Kind vor.

Das Kennenlern-Bingo

Wenn Kinder aus verschiedenen Klassen z. B. für den Sportunterricht, für Handarbeiten oder diverse andere Kurse zusammenkommen und sich untereinander noch nicht so gut kennen, spielt man das Kennenlern-Bingo.
Je nachdem, wie viele Schüler zusammenkommen, malt sich jeder ein quadratisches oder rechteckiges Spielfeld, bestehend aus ebenso vielen Feldern, wie Kinder anwesend sind.
Nun dürfen die Kinder mit ihren Bingospielen durchs Klassenzimmer gehen und jeden Mitschüler in einem Feld unterschreiben lassen. Wenn alles gut geht, hat in unserem Beispiel am Ende jeder Schüler, mit seiner eigenen, 24 Unterschriften auf seinem Plan. Dann setzen sich die Kinder wieder auf ihre Plätze und halten Stift und Spielplan bereit.

Beispiel:
Spielen 24 Kinder mit, malt man ein Spielfeld aus 4 x 6 Feldern auf ein Blatt Papier.

Norbert	Jan	Sandra	Phil	Kevin	Andi
Stefanie	Brigitte	Michaela	Sibylle	Mira	Oliver
Denis	Lisa	Anna	Sven	Timo	Bernd
Karl	Katrin	Tobias	Flori	Birgit	Elisabeth

Die Lehrerin hat inzwischen die Namen aller Anwesenden einzeln auf kleine Zettelchen geschrieben, zusammengefaltet und in eine Schachtel gelegt. Jetzt zieht sie ein Los, faltet es auf und liest den Namen vor. Alle Schüler suchen diesen Namen auf ihrem Spielfeld und streichen ihn aus. So wird weitergespielt, bis schließlich ein Spieler vier zusammenhängende Felder waagrecht, senkrecht oder diagonal durchstreichen kann und laut „Bingo“ ruft.
Das Spiel wird fortgesetzt, bis schließlich jeder einmal „Bingo“ rufen kann.

Klebende Namensschilder

Um die Namen der neuen „Mitstreiter“ schnell kennen zu lernen, eignen sich Leukoplaststreifen.
Jedes Kind schreibt seinen Namen deutlich in Druckbuchstaben auf einen Streifen Leukoplast und klebt ihn sich schließlich gut sichtbar an den Pulli.

Tipp: Besonders toll sehen auch selbst beschriftete und dekorierte Buttons aus, die mit einer Sicherheitsklammer an der Kleidung befestigt werden.

Namensschilder

Jedes Kind bekommt ein Blanko-Namensschildchen aus Pappe, eine alte Illustrierte, Schere und Kleber.
Dann suchen alle in den Magazinen nach den Buchstaben ihres Vornamens und legen die ausgeschnittenen Buchstaben auf ihrem Tisch aus. Stimmen die Buchstaben und deren Anordnung, darf jeder seinen Namen auf das Schildchen kleben.

Das Klassen-Puzzle

Je nachdem in die wievielte Klasse die Kinder gerade gekommen sind, malt man die entsprechende Zahl riesengroß auf ein Stück Pappe. Dann wird die Zahl ausgeschnitten und in so viele Teile zerschnitten, wie Schüler plus Lehrerin vorhanden sind.

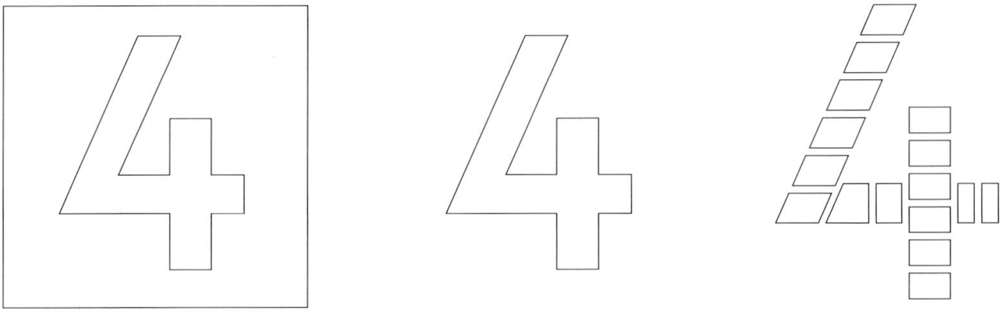

Jeder Schüler bekommt ein Teilchen, das er nun beliebig mit Mustern verzieren darf.
Zuletzt setzen alle gemeinsam das Klassenpuzzle wieder zusammen und kleben die Teilchen dabei auf einfarbiges Papier. Das fertige Puzzle wird schließlich im Klassenzimmer oder an der Klassenzimmertür aufgehängt. Klar, dass man während der Arbeit auch darüber spricht, dass jeder ein wichtiger Teil der Gemeinschaft ist.

Tipp: Die Puzzleteilchen auf der Vorderseite mit Bleistift nummerieren! Das erleichtert nicht nur das Zusammenlegen – es verhindert auch, dass die Schüler ihre Teilchen auf der falschen Seite bemalen.

Der Foto-Stundenplan

Auch für Schüler der ersten Klasse gibt es schon einen Stundenplan, den alle „lesen" können.
Knipsen Sie während eines Schuljahres die Schüler bei allen verschiedenen Tätigkeiten, also z. B. beim Zeichnen, beim Sport, beim Rechnen, in der Pause.

Wählen Sie geeignete Fotos aus, lassen Sie davon je einen möglichst großen Abzug machen und kleben Sie die Fotos auf DIN-A4-Tonpapier. Jeden Morgen heften Sie dann die Blätter in der gewünschten Reihenfolge an die Innenseite der Klassenzimmertür. So kann jedes Kind sehen, was heute auf dem Plan steht.

Tipp: Zum Befestigen der einzelnen Blätter eignen sich Fotoecken.

Informationsball

Die Schüler sitzen im Kreis auf dem Boden. Einer rollt den Ball zu einem Mitspieler und stellt dabei eine beliebige Frage zur Person, zur Familie des Mitspielers, zu dessen Hobbys, Interessen und Vorliebe, z. B.: „Wie viele Geschwister hast du?“
Der angesprochene Schüler beantwortete die Frage und rollt dann den Ball zu einem weiteren Mitschüler, dem er seinerseits eine Frage stellt, z. B.: „Was ist deine Lieblingsfarbe?“
So wird der Ball hin- und hergerollt und die Schüler erfahren eine Menge Interessantes von den Mitspielern. Toll, wenn auch die Lehrerin mitspielt!

Die Autogrammjagd

Die Schüler einer neu zusammengestellten Klasse kann man mit diesem Spiel einander näher bringen.
Jeder erhält eine Kopie der Klassenliste und soll nun, sobald das Startzeichen gegeben wird, von einem Kind zum anderen sausen und die Mitschüler bitten, neben ihrem Namen auf der Liste zu unterschreiben.
Wer hat zuerst alle Autogramme der Mitschüler erbeutet?

Das Riesenmobile

Von jedem Schüler wird zuerst ein Foto geknipst. Dann klebt man immer zwei Fotos Rücken an Rücken, stanzt mit dem Locher ein Loch in den Rand von jedem Doppelbild und hängt die Bilder mit Fäden an vorbereitete

Drahtstücke oder Rundhölzer. Ein toller Schmuck fürs Klassenzimmer, vor allem wenn auch ein Foto der Lehrerin nicht fehlt.

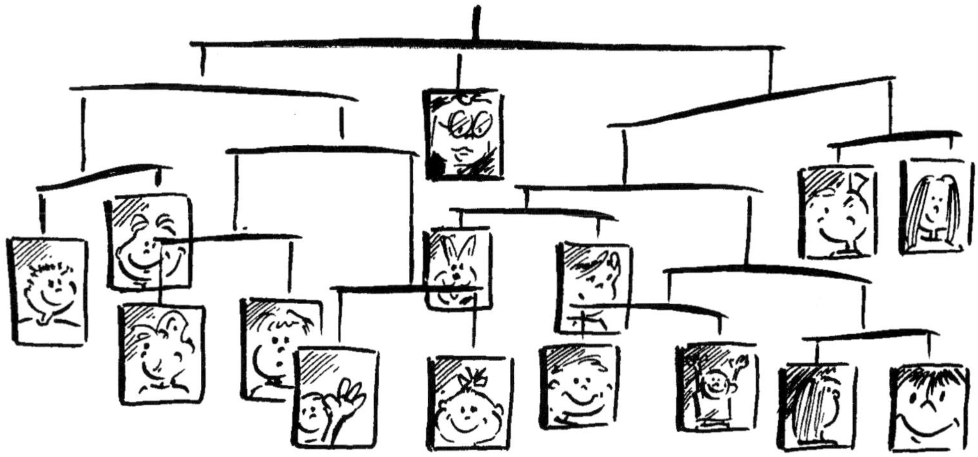

Hausordnung

Jede Schule hat eine Hausordnung. Anstelle alle Regeln auf einmal zu besprechen, von denen so gut wie nichts in den Köpfen der Kinder hängen bleibt, wählen Sie eine aus und besprechen Sie diese mit den Kindern genau! Fassen Sie diese Regeln in so viele verschiedene Bilder wie möglich! Das sichert den Erfolg und diese Regel wird dauerhaft in den Kinderköpfen haften.

Tipp: Wählen Sie zuerst eine Regel aus, die für das Verhalten auf dem Pausenhof wichtig ist. Hier geschehen nämlich erfahrungsgemäß die ersten Regelüberschreitungen.

Wie heißt der Neue?

Wir lassen einfach keine Gelegenheit aus und machen sogar ein Spiel, wenn ein neuer Schüler während des Jahres dazukommt.
Der Neue verrät nicht, wie er heißt, zeichnet aber für jeden Buchstaben

seines Namens einen Strich an die Tafel. Also, wenn der Schüler z. B. Markus Pfaffel heißt, schreibt er an die Tafel:

_ _ _ _ _ _   _ _ _ _ _ _ _

Dann sind die gewiss neugierigen Mitschüler an der Reihe. Abwechselnd nennen die Schüler verschiedene Buchstaben, z. B. „E“. Kommt der Buchstabe tatsächlich im Namen vor, wird er an der richtigen Stelle eingetragen. In unserem Beispiel sähe das jetzt so aus:

_ _ _ _ _ _   _ _ _ _ _ e _

Kommt der genannte Buchstabe aber nicht vor, schüttelt der Neue den Kopf und schreibt diesen Buchstaben an die leere Tafelfläche daneben. Der Schüler, der zuerst errät bzw. erkennt, wie der neue Mitschüler heißt und den Namen laut nennt, gewinnt das Spiel.

> Neue Schüler nicht noch zusätzlich ins Rampenlicht stellen! Das ist zwar gut gemeint, macht diese Schüler aber eher nervös und weckt die Eifersucht der anderen.

Handfest

Jeder Schüler darf seine Hände auf ein Stück Tonpapier legen, die Form mit einem Stift umfahren und schließlich beide Hände ausschneiden. Auf die linke Hand wird der Vorname, auf die rechte Hand der Nachname geschrieben. Schließlich werden alle Hände eingesammelt, gemischt und so auf dem Boden ausgelegt, dass die Namen nicht zu lesen sind.
Die Schüler, besser eine kleine Schülergruppe, setzen sich um die Papierhände herum. Nun wird nach dem bekannten Memory-Prinzip gespielt. Ein Schüler dreht zwei beliebige Hände um. Stammen sie von einem Schüler, also z. B. von Lisa Kurz, so darf der Schüler, der gerade an der Reihe ist, beide Papierhände an sich nehmen und so lange weiterspielen, bis er zwei nicht zusammenpassende Hände umdreht. Dann ist der nächste Spieler an der Reihe.

Am Ende, wenn also alle Papierhände aufgeteilt sind, zählt jeder nach, wie viele er erbeutet hat. Wer die meisten hat – na klar – gewinnt.

Wenn das Spiel mehrmals durchgeführt wurde und es langsam seinen Reiz verliert, werden alle Papierhände mit Heftklammern zu einer meterlangen Händegirlande zusammengeheftet, die man dann an einer Wand des Klassenzimmers aufhängt.

Der Geburtstagskalender

Ein Bogen weißes Packpapier oder ein Stück Tapete wird in zwölf Felder unterteilt. In jedes Feld schreibt man den Namen eines Monats.
Dann werden Fotos der Schüler oder selbst gemalte Mini-Portraits der Schüler bereitgelegt.
Jedes Kind nennt nun sein Geburtsdatum, sucht sein Foto oder sein Bildchen und klebt es in das Feld des entsprechenden Geburtsmonats.

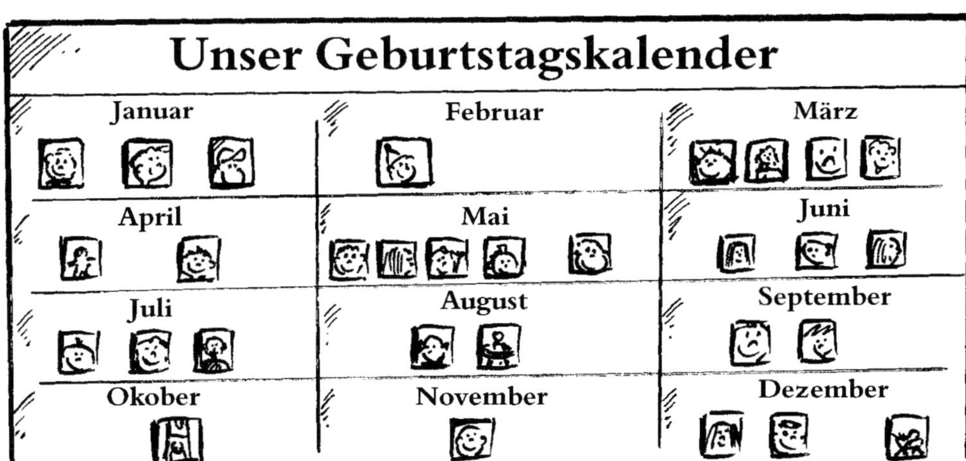

2 Und überhaupt! Tipps zur Organisation des Schulalltags

Das Klassenmaskottchen

Wählen Sie eine Handpuppe oder ein Kuscheltier als Klassenmaskottchen aus.
So ein viel geliebtes Wesen kann die Kinder begrüßen und verabschieden, es kann wichtige Meldungen verkünden, die Kinder an Dinge erinnern, die sie nicht vergessen sollen. Es kann auch immer wieder zwischendurch für Aufheiterung sorgen, denn so ein kleines Monster darf manchmal Dinge sagen und tun, dass alle Kinder quietschen vor Lachen.

Monatsanfang

Der erste Tag in einem neuen Monat sollte eigentlich ganz besonders begangen werden.

- Wir zeigen den Monat auf einer Jahresuhr. Zu welcher Jahreszeit gehört er?
- Was bringt dieser neue Monat an Besonderheiten, z. B. Ferien, Geburtstage, Ausflüge, besondere Schulveranstaltungen. Tragen Sie diese Termine in einer Monatsübersicht ein, die allen Kindern zugänglich ist.
- Gibt es ein bestimmtes Lied oder ein Gedicht, in dem dieser Monat vorkommt?
- Regen Sie die Schüler an, Gegenstände von zu Hause mitzubringen, die in Bezug zu diesem Monat stehen, z. B. eine selbst gebastelte Kürbislampe im November.

Das Monats-Kreuzworträtsel

Zu Beginn eines neuen Monats schreibt jeder Schüler den Monatsnamen in großen Druckbuchstaben von oben nach unten auf ein Blatt Papier.
Nun wird das Rätsel ausgefüllt. Jeder Schüler sucht Begriffe, die zu dem jeweiligen Monat passen, und trägt sie waagrecht in das Rätsel ein.

Beispiel:

```
            N E U|J|A H R
      E L T E R N|A|B E N D
            S C H|N|E E
F A S C H I N G S|U|M Z U G
                K|A|L T
                F|R|O S T
```

Der Monatskalender

An einer Klassenzimmerwand wird eine Wäscheleine von etwa drei Metern Länge befestigt.

Ganz vorne wird ein Schild mit Büroklammern an die Leine gehängt, auf dem der Name des jeweiligen Monats steht. Nun dürfen die Kinder alle wichtigen Ereignisse, die in diesem Monat anstehen, auf Blätter schreiben und diese ebenfalls mit Büroklammern an die Leine hängen, z. B. Hinweise auf Geburtstage, Elternabende, Feiertage, Ausflüge, Ferien.

Zusätzlich dürfen Bilder oder Gegenstände an die Leine gehängt werden, die in Zusammenhang mit dem Monat stehen.

Klammer-Jobs

Wer darf in dieser Woche die Tafel wischen?
Wer versorgt die Blumen?
Wer teilt die Hefte aus?
Solche und viele weitere Arbeiten sind bei den Schülern meistens sehr beliebt. In fast allen Klassen werden diese Jobs wochenweise verteilt.
Ein Klammersystem leistet gute Dienste, dass jeder Schüler und auch jeder Lehrer, der in dieser Klasse unterrichtet, weiß, wer gerade für welchen Job zuständig ist.
Zuerst schreibt man auf ein Stück weiße Pappe alle Jobs untereinander, die zu vergeben sind. Dann erhält jeder Schüler eine Holz-Wäscheklammer, die er auf beiden Seiten mit seinem Namen beschriftet und eventuell sogar noch bunt verziert.
Nun braucht man Woche für Woche lediglich die Klammern zu versetzen oder auszutauschen.

Beispiel:

Der Arbeitsmarkt	
Tafelwischen	Michi H.
Pausendienst	Carola BENJAMIN
Blumen	Philipp ☼
Hefte austeilen	Andreas MICHI P. Flori
Film-Team	Carolyn Sandra

Tipp: Für Schüler der ersten Klasse werden die Jobs bildlich durch Symbole dargestellt.

Der Klassenspiegel

Sobald in einer Klasse mehrere Lehrer unterrichten, ist es notwendig, dass auf dem Pult stets ein aktueller (!) Sitzplan der Kinder liegt. Um zu vermeiden, dass der Plan immer wieder neu zu schreiben ist, hilft diese Idee: Die Namen der Kinder werden auf kleine selbst klebende Zettel geschrieben und diese dann entsprechend der Sitzordnung auf ein Blatt Papier geklebt. Nun schiebt man das beklebte Blatt vorsichtig in eine Plastikhülle und schon ist ein Klassenspiegel fertig, der immer wieder problemlos umgestellt werden kann.

Das Fundbüro

Alle Sachen vom Bleistift bis zum Ringelsocken, die so im Laufe der Zeit im Klassenzimmer gefunden werden, sammelt man am besten in einer Extra-Kiste, dem Fundbüro.
Aber, halt! Die Besitzer dürfen sich die Fundstücke nicht einfach wieder aus der Kiste herausholen! Das wäre ja wirklich zu einfach und der Schlamperei wären Tür und Tor geöffnet. Stattdessen wird an einem bestimmten Tag im Monat oder am Tag vor den nächsten Ferien eine Auktion durchgeführt. Die Besitzer bekommen die Fundsachen nur unter einer, von der Klassengemeinschaft auferlegten Bedingung zurück.

Tipp: Ein ausrangierter Reisekoffer eignet sich prima als mobiles Fundbüro.

Erste Hilfe

Für die kleinen Verletzungen des Alltags muss man nicht jedes Mal ins Sekretariat laufen, um sich dort verarzten zu lassen. Im Klassenzimmer steht, für alle Schüler zugänglich, die Erste-Hilfe-Box mit folgendem Inhalt:

- Papiertaschentücher,
- Pflaster,
- Pinzette,
- Nagelzwicker und Nagelfeile,
- Desinfektionsmittel für kleine Wunden,
- Sicherheitsnadeln,
- ein kleines Nähzeug,
- eine Schere.

Die Hilfsarbeiten-Liste

In einem Klassenzimmer gibt es immer eine Menge kleiner Arbeiten zu tun, z. B.: Neue Poster aufhängen oder die Klebestreifen an den alten Postern erneuern, die Bücher der Klassenbibliothek ordnen, den kaputten Stuhl zum Hausmeister tragen und vieles mehr.
Solche kleine Hilfsarbeiten werden laufend auf eine Liste geschrieben. Hat ein Schüler seine Arbeit frühzeitig beendet, schaut er die Hilfsarbeiten-Liste durch und sucht sich einen Auftrag aus, den er gerne übernehmen möchte.
Auf diese Weise werden anstehende Arbeiten laufend erledigt und kein Schüler muss sich langweilen.

Das Foto-Poster

Achten Sie auf Sonderangebote in Fotogeschäften und lassen Sie von einem neuen Klassenfoto ein Poster anfertigen! Eine tolle Dekoration fürs Klassenzimmer!

Würfel aus eigener Herstellung

Aus billigen Haushaltsschwämmen oder Schaumstoffplatten kann man jede Menge Würfel schneiden und die Würfelflächen mit Folienstiften beschriften. Auf diese Weise geht es bei Würfelspielen in Zukunft viel viel leiser zu.

Bitte anstellen!

Auch das Anstellen kann für Schüler ein Vergnügen sein, wenn man die Reihenfolge der Schüler auf immer neue Art und Weise vorgibt, z. B.:

- Erste Gruppe ist diejenige, deren Mitgliederzahl durch drei teilbar ist.
- Zuerst stellen sich die Kinder an, deren Nachname mit einem Buchstaben von A bis G beginnt.
- Es stellen sich alle Schüler an, die keine Geschwister haben.
- Alle Schüler stellen sich nach ihrer Hausnummer an. Ganz vorne in der Reihe steht derjenige, der die kleinste Hausnummer hat.
- Erste in der Gruppe sind alle Brillenträger, gefolgt von den Zahnspangenträgern.

Die Reißverschluss-Tasche

Im Supermarkt gibt es kleine durchsichtige Plastiktüten zu kaufen, die einen reißverschlussähnlichen Verschluss besitzen. Diese Tüten sind ideal, um Fotos, Bilder, Geldscheine etc. durch die Klasse wandern zu lassen.

Fremdsprachen

Befinden sich ausländische Kinder in der Klasse, so ist es wichtig, in jeder dieser Sprachen wenigstens ein paar Wörter sprechen zu können.

Fragen Sie die ausländischen Lehrer, die an Ihrer Schule bzw. im Ort unterrichten! Aber auch die Schüler selbst freuen sich natürlich, wenn sie ihrer Lehrerin einmal etwas beibringen dürfen.

Fremdsprachenunterricht

Gibt es in Ihrer Klasse ausländische Schüler? Nutzen Sie die Minuten vor der Pause oder vor Schulschluss, dass alle Kinder ein paar Wörter in dieser Sprache lernen.
Das ausländische Kind kommt vor die Klasse und lernt den Mitschülern in seiner Muttersprache z. B. bis 10 zu zählen oder „Guten Tag“ zu sagen.

Werkzeugkiste

Im Handel gibt es bunte Werkzeugkisten aus stabilem Plastik zu kaufen. Diese Kisten eignen sich prima, um all die Schreib- und Bastelmaterialien zu beherbergen, die man im Unterricht so braucht.

Poster

Bilder und Poster, die man gerade nicht braucht und knickfrei aufbewahren möchte, rollt man zusammen und schiebt sie durch die leere Papprolle von Toilettenpapier. Auf der Rolle notiert man, um welches Poster es sich handelt.

Das Bilder-Lager

Kalenderbilder, Landkarten, Poster oder Kinderzeichnungen kann man prima mit einem Hosenkleiderbügel festklemmen und z. B. im Lehrmittelraum oder in der Garderobe an einen Haken hängen.
Wenn man ein bestimmtes Bild sucht, kann man, wie in einem Kalender, im Bilder-Lager blättern.

Die Litfaßsäule

Ein sehr großer Karton, beim Elektrohändler oder im Kaufhaus besorgt und von Etiketten befreit, dient fortan in einer Ecke des Klassenzimmers als Litfaßsäule.
Hier werden nun besonders tolle Zeichnungen von den Schülern, schön gestaltete Sachkundeblätter, fehlerlose Diktate etc. angeheftet und ausgestellt. Natürlich kann man die Litfaßsäule noch besonders interessant gestalten, wenn man die neuesten Witze und Comics aus Illustrierten und Zeitungen ausschneidet und ebenfalls an die Säule heftet. Daneben können Plakate vom Jugendtheater und interessante Zeitungsartikel platziert werden. Die Schüler sorgen selbst z. B. in der Freiarbeit dafür, dass die Anschläge an der Litfaßsäule immer wieder aktualisiert werden.

Brillenetuis

Ausrangierte Brillenetuis eignen sich prima als „Federmäppchen“ speziell für solche Stifte, die man nicht unbedingt in seinem Mäppchen beherbergen möchte, z. B. kleine Pinsel, wasserunlösliche Folienstifte, Kreidestifte.

Markierte Stifte

Auch lackierte Stifte kann man deutlich als sein Eigentum markieren, wenn man das Ende des Stiftes mit Nagellack bestreicht.

Polaroid

Legen Sie sich eine Polaroid-Kamera zu! Obwohl die Filme immer noch ziemlich teuer sind, lohnt sich die Anschaffung, weil der Effekt dieser Sofortbilder großartig ist.
Die Schüler werden bei allen möglichen Aktivitäten in der Schule geknipst.
Die Fotos hängt man an eine eigens dafür reservierte Pinnwand.
Am Ende jedes Monats dürfen die Kinder die Fotos mit nach Hause nehmen und behalten.
Nicht selten sind das die einzigen Fotos, die von ihnen seit dem Tag ihrer Einschulung geknipst wurden.

Positive Verstärkung

Positive Verstärkung ist der Schlüssel zum Erfolg bei den meisten Schülern. Aber nicht nur Schüler brauchen Lob und Anerkennung! Denken Sie ab und zu auch an Kollegen, an Putzfrauen und den Hausmeister – und geizen Sie nicht mit anerkennenden Worten und Komplimenten.
Ein kluger Mensch hat einmal gesagt: „Nur Komplimente vermehren sich, während man sie verschwendet."

Tipp: Sprechen Sie auch mit den Schülern über die Arbeit des Hausmeisters, der Putzfrauen usw. Nur wer deren Arbeit kennen lernt, weiß sie zu schätzen und ändert dann vielleicht sein eigenes Verhalten.

Haustiere

Fische sind ideale Haustiere für eine Klasse. Vorausgesetzt natürlich, sie sind taub, pflegeleicht und nehmen diverse Scherze nicht krumm, z. B. wenn der einfallsreiche Markus Hinterlechner das Federmäppchen seines Banknachbarn in den Wasserpflanzen versteckt.
Ansonsten wirkt so ein Aquarium beruhigend auf alle Anwesenden und die Kinder haben Tiere, die sie beobachten und pflegen dürfen.

Ersparte Partnersuche

An vielen Schulen ist es üblich, dass die Kinder zumindest im Winter Hausschuhe anziehen. Allen Ordnungsaufrufen zum Trotz findet meist vor dem Unterricht die Suche nach Hausschuhpartnern statt, in der Pause werden die Straßenschuhe gesucht, nach der Pause wieder die Hausschuhe und mittags schließlich wieder die Straßenschuhe.
Mit dieser Idee kann man den Schülern und sich selbst eine Menge Zeit ersparen: Jedes Kind bekommt eine Wäscheklammer, auf der der Name des Kindes steht. Wer morgens seine Straßenschuhe auszieht, zwickt die Innenseiten mit der Wäscheklammer zusammen und stellt die Schuhe ab. In der Pause wird die Wäscheklammer dann die Hausschuhpartner zusammenhalten usw.

Hausschuhe

Wenn es an der Schule Sitte ist, dass die Kinder Hausschuhe tragen, so empfiehlt sich besonders für Kinder der ersten Klasse dieser Trick: Die Eltern malen innen in die Schuhsohlen dicke Pfeile. Der Pfeil im linken Schuh schaut nach rechts, der Pfeil im rechten Schuh schaut nach links. Die Kinder lernen, ihre Schuhe so hinzustellen, dass die Pfeile zueinander zeigen.

Tipp: In höheren Klassen kann man auch die Initialen einmalen lassen. Der Anfangsbuchstabe des Vornamens kommt in den linken Schuh, der vom Nachnamen in den rechten.

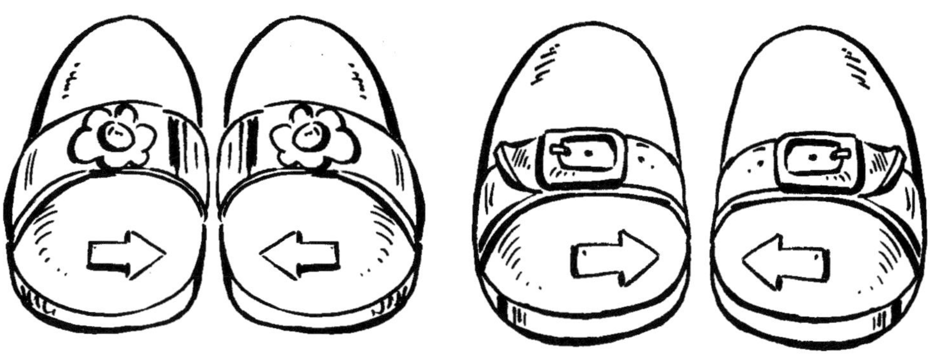

Fragezeichen

Besonders in Grundschulklassen kommt es häufig vor, dass Kinder den Unterricht unterbrechen mit Fragen, die nicht zum Stoff gehören: „Darf

ich jetzt aufs Klo?“ oder „Warum haben Sie heute einen Rock an?“ oder „Darf ich in der nächsten Stunde den Filmapparat holen?“.
Um solche Unterbrechungen zu vermeiden, bastelt sich jeder Schüler am Schuljahresanfang ein Fragezeichenkärtchen. Das Kärtchen wird in der Mitte geknickt, damit es von allein stehen kann. Auf eine Seite wird dann ein großes buntes Fragezeichen gemalt.
Wenn ein Kind eine Frage hat, die nicht in Zusammenhang mit dem Unterricht steht, stellt es sein Kärtchen auf seinen Platz. So kann die Lehrerin, sobald sich die Gelegenheit ergibt, zu diesem Schüler gehen und die Frage beantworten.

Warum ich in die Schule gehe

Hin und wieder – besonders in den zähen Zeiten, wenn weit und breit keine Ferien am Horizont zu entdecken sind, ist es wichtig, sich überhaupt einmal Gedanken darüber zu machen, warum wir eigentlich in die Schule gehen.
Auf eine lustige Art und Weise lässt sich das folgendermaßen tun:
Jeder Schüler stellt seine Füße auf ein großes Blatt Papier und der Partner zieht die Umrisse mit einem dicken Filzstift nach. Hat jeder Schüler seine Fußumrisse erhalten, werden sie ausgeschnitten. Dann denkt jeder gewissenhaft darüber nach, warum er persönlich in die Schule geht, z. B.: „Ich gehe in die Schule, weil ich Astronaut werden will und dazu gut rechnen können muss.“ „Ich gehe in die Schule, weil wir in der Pause immer Fußball spielen.“ Dann schreibt jeder Schüler seine beiden wichtigsten Gründe in je einen Fußabdruck. Wer will, kann seine Abdrücke noch ausmalen und verzieren.
Sind schließlich alle Kinder fertig, geht die ganze Klasse zur Eingangstür der Schule und mithilfe der Lehrerin werden die Fußabdrücke von der Eingangstür bis hin zur Klassenzimmertür mit beidseitig klebenden Streifen auf den Boden geheftet.
So, nun kann spätestens in der großen Pause jeder nachlesen, warum die Kinder dieser Klasse gerne in die Schule gehen.

Lob

Ein Lob für jeden, der eine begonnene Arbeit zu Ende geführt hat.
Ein Extra-Lob für den, der sie richtig ausgeführt hat.

Wutball

Ein stabiler Luftballon – am besten einer, der sich zur Übergröße aufblasen lässt, – wird mit Sand gefüllt und fest verknotet.

Ein Schüler, der sich geärgert hat oder heute einen besonders nervösen oder angespannten Eindruck macht, darf mit dem Wutball spielen, ihn quetschen und drücken, verformen und vielleicht sogar mal gegen die Wand donnern.

Das klingt zwar etwas absonderlich, hilft aber wunderbar, die Aggressionen abzubauen – ausprobieren!

Himmlische Freizeitfüller

Jeder Schüler erhält ein Arbeitsblatt mit zehn verschiedenen Kurztätigkeiten. Wenn ein Schüler mit seiner Arbeit vorzeitig fertig ist, holt er das

Arbeitsblatt heraus und sucht sich eine beliebige Arbeit aus, für die die Zeit wohl noch reichen wird.
Wer damit fertig ist und der Lehrerin seine Arbeit vorgelegt hat, darf die entsprechende Wolke auf seinem Arbeitsblatt ausmalen.

Schreibe eine kurzen Brief an einen Mitschüler, der heute krank ist!

Schreibe zehn verschiedene Berufe auf und notiere neben jedem Beruf ein dafür typisches Werkzeug, z. B. Schneider – Schere!

Schreibe das Alphabet rückwärts auf!

Schreibe ein Rezept für Hexensuppe!

Überlege dir eine schwierige Textaufgabe: Schreibe sie auf und rechne sie aus!

Schreibe zu jedem Buchstaben des Alphabets ein Hauptwort, ein Tunwort und ein Eigenschaftswort (X und Y dürfen ausgelassen werden)!

Wie viele Länder Europas kannst du aufzählen? Schreibe möglichst auch die jeweilige Hauptstadt dazu! Du darfst den Atlas benützen!

Suche dir ein beliebiges Wort aus, zu dem du zehn Reimwörter bilden kannst!

Schreibe einen neuen Text zur Melodie von "Happy birthday"!

Wie würdest du einem gerade auf der Erde gelandeten Marsmännchen erklären, was Schule ist?

Testfutter

Kinder, die vor einem Test besonders aufgeregt sind, werden ruhig, wenn man ihnen etwas zum Knabbern gibt, z. B. Studentenfutter, Minipackungen mit Rosinen, Popcorn, Salzstangen. Wundern Sie sich aber nicht, wenn die Zahl der „Panikschüler" von Test zu Test mehr werden!

Kappen-Recycling

Die Kappen von ausgeschriebenen oder ausgetrockneten Filzstiften kann man noch prima als Spielfiguren für selbst gebastelte Lernspiele verwenden!

Schulbus

Fahren Sie einmal ganz überraschend mit dem Schulbus mit! So können Sie ein bisschen davon kennen lernen, was ihre Schüler schon erlebt (und oft durchlitten) haben, bevor sie am Morgen die Schule erreichen.

Nachbarschaftshilfe

In einer Zeit, in der normalerweise jedem Menschen irgendwo die Möglichkeit gegeben ist, Schriftstücke zu kopieren, sind die berühmten Blaupapiere aus der Mode gekommen. In der Schule aber kann das Blaupapier noch eine wichtige Rolle spielen.
Wenn morgens festgestellt wird, wer krank ist, werden dem jeweiligen

Banknachbarn ein Blaupapier und mehrere Blätter Schreibmaschinenpapier übergeben.
Soll im Laufe des Tages ein Hefteintrag gemacht werden, legt der jeweilige Nachbar ein Blaupapier und ein Schreibmaschinenblatt in sein Heft ein und kopiert auf diese Weise den Eintrag für den kranken Mitschüler. Am Ende des Schultages werden die kopierten Blätter zusammengeheftet und im Pult aufbewahrt. Kommt der gesunde Schüler wieder in seine Klasse, findet er gleich alle verpassten Hefteinträge in Kopie vor und kann die Einträge in Ruhe in seine Hefte übertragen.
Die Schüler aber werden durch diese Tätigkeit angehalten für abwesende Kameraden Sorge zu tragen. Jeder weiß, wenn er selbst krank ist, wird für ihn mitgearbeitet.

Ordnung für Kranke

Wenn ein Schüler krank ist, so kann man sich viel Arbeit ersparen, wenn man morgens eine Klarsichthülle oder eine Sammelmappe auf seinen Platz klebt.
Alle Arbeitsblätter, die im Laufe des Tages ausgeteilt werden, steckt man dann für diesen Schüler in die Mappe. Hausaufgaben werden auf Zettel notiert und in die Mappe geschoben. Ebenfalls kommen Hefte, die zurückgegeben werden, in diese Mappe.
Sollte dann auch ein Elternteil ins Klassenzimmer platzen, um die Hausaufgaben etc. für das Kind abzuholen – kein Problem: Man übergibt ihm die komplette Mappe.

Das Klassentagebuch der besonderen Art

Am Ende jedes Schultages überlegt man sich eine positive Besonderheit dieses Tages und notiert sie unter dem jeweiligen Datum in einem kleinen Tagebuch. Das können ganz kleine Dinge sein, z. B. ein Bildchen, das ein Schüler gemalt und der Lehrerin geschenkt hat, oder ein Kompliment, das die ganze Klasse von der Reinigungsfrau für ein besonders sauberes Klassenzimmer bekam.

Auch am finstersten Schultag gibt es mindestens eine positive Besonderheit, die es wert ist, aufgeschrieben zu werden!
Diese Aufzeichnungen helfen einem, sich in späteren Jahren an diese Klasse zu erinnern und ebenso, wenn es besonders frustrierende Zeiten geben sollte und man sich ernsthaft fragt, ob man den richtigen Beruf ergriffen hat.

Die Teestube

Die kalten Wintermonate sind bestens geeignet zum Lesen – auch in der Schule!
Einmal in der Woche, an einem besonders arbeitsreichen Tag, wird deshalb für eine halbe Stunde aus einem gewöhnlichen Klassenzimmer eine gemütliche Teestube. Jeder Schüler erhält eine Tasse warmen Kindertee, holt sein Buch heraus und liest.

Das Kasperletheater

Wer kein richtiges Kasperltheater in der Schule hat, kann eine entsprechende Bühne aus einem Tisch zaubern.

Der Tisch wird auf die Seite gelegt, sodass die Tischplatte zu den Zuschauern zeigt. Die Puppenspieler verstecken sich hinter der Tischplatte und lassen ihre Figuren auf der Tischkante agieren.

Schneller als der Küchenwecker

Ein Küchenwecker ist eine tolle Hilfe, um die Kinder dazu zu bringen, ganz schnell ihre Sachen aufzuräumen und die neuen für die nächste Stunde bereitzulegen.
Stellen Sie den Küchenwecker und geben Sie das Startzeichen. Wenn es die Schüler schaffen, ihre Bänke aufzuräumen und ordentlich auf ihren Stühlen zu sitzen, bevor der Wecker klingelt, gibt es eine Belohnung.

Blitzreinigung

Nach einer Arbeit, bei der der Boden des Klassenzimmers voller Papierschnipsel ist, verspricht man der Partnergruppe einen Preis, die innerhalb der nächsten drei Minuten den größten Schnipselberg hat. Ertönt das Startsignal, machen sich alle „Putzfrauen“ und „Putzmänner“ an die Arbeit.

Wetten, dass das Klassenzimmer nach drei Minuten beinahe wieder perfekt aufgeräumt ist?

3 Spaß für zwischendurch

Witze erzählen

Witze lockern nicht nur die Atmosphäre auf, weil jeder herzhaft lachen kann, sie haben noch weit mehr gute Seiten:

- Leseunlustige Kinder kann man mit einem Witzebuch zum Lesen bringen. Die Witze sind kurz und die Leseanstrengung wird schnell mit Lachen belohnt.
- Wer Witze erzählt, muss sich konzentrieren.
- Das Witzeerzählen ist eine tolle Vorübung für Nacherzählungen. Man muss den Sachverhalt richtig wiedergeben und die Pointe prägnant hervorheben.

Tipp: Notieren Sie sich ein paar kurze Witze für verschiedene Altersstufen. So können Sie auch in Vertretungsstunden mit einer fröhlichen fremden Klasse rechnen.

Stilblüten

Schreiben Sie jede Stilblüte und jede lustige Anekdote, die Sie im Laufe des Schuljahres hören, sofort auf!
Auch wenn Sie im Moment des Hörens glauben, dass Sie diese herrliche Geschichte niemals vergessen werden – Sie werden sie doch vergessen, wenn sie nicht aufgeschrieben ist!

Ein Foto von früher

Kinder schauen sich gerne Fotos aus früheren Zeiten an, z. B. Kinderfotos ihrer Eltern und Großeltern. Auch die Lehrerin ist da nicht ausgenommen und die Schüler sind begeistert, wenn sie ein Foto betrachten dürfen, auf dem die Lehrerin gerade so alt war wie die Schüler. Besonders toll ist es natürlich, wenn die Lehrerin dann auch ein bisschen von ihrem damaligen Schulleben erzählt.

Nachwuchslehrer

Jeder Schüler kann mindestens eine Sache so gut, dass er sie den anderen Kindern beibringen könnte.
Carolyn kann z. B. aus Papier Tiere falten. Also darf sie an einem besonderen Tag den Mitschülern zeigen, wie man so ein Tierchen faltet. Dazu legt sie mithilfe der Lehrerin die nötigen Materialien zurecht und darf dann ihre Mitschüler unterrichten.
An einem anderen Tag erklärt Philly seinen Mitschülern, wie man per ausgeklügelte Tricks bei einem bestimmten Computerspiel mehrere Levels überspringen kann. Ein türkischer Mitschüler lernt den Kindern auf Türkisch bis zehn zu zählen usw.
Eine echte Bereicherung und eine gute Möglichkeit, das Selbstwertgefühl der Schüler zu stärken.

Lernen und lehren

Ermuntern Sie Ihre Schüler so oft es geht, den Spieß umzudrehen und ihrerseits der Lehrerin etwas beizubringen. Das stärkt nicht nur das Selbstvertrauen des jeweiligen „Lehrer"-Schülers, es bereichert auch Ihr Leben!
So lernen Sie vielleicht, wie man sich auf Roller-Skates vorsichtig fortbewegt, lernen die neuesten Rätsel, Abzählreime und Sprüche kennen und es werden Ihnen diverse Computerkniffe kund.

Gesucht wird …

An der Tafel steht folgendes Rätsel:

Gesucht wird: YLNOCRA REERFOHG

Die Schüler versuchen, den Buchstabensalat so zu ordnen, dass ein Name eines Mitschülers (oder der einer Lehrerin) dabei entsteht. Plötzlich kommt einer darauf und ruft: „CAROLYN GERHOFER!" Na, jetzt ist es allen klar! Und jeder nimmt sich fest vor, dass er den Namen, der das nächste Mal an der Tafel steht, ganz gewiss als Erster herausbekommt.

Ferngesteuert

Ein Schüler steht mit verbundenen Augen an der Tafel und hält ein Stück Kreide so, dass die Kreide die Tafel berührt.
Ein anderes Kind übernimmt die Fernsteuerung. Es lenkt durch Kommandos wie „hoch – stopp – nach rechts – stopp" die Hand des „blinden" Schreibers, sodass dieser ein Wort an die Tafel kritzelt.
Das Wort wird zwar nicht besonders schön geschrieben sein, aber hoffentlich doch so weit lesbar, dass es die Mitschüler entziffern können.

Einsteins Knobeldose

Eine leere Kaffeedose wird mit Buntpapier beklebt und in den Plastikdeckel der Dose wird ein Schlitz (wie bei einem Sparschwein) hineingeschnitten.

Am Wochenanfang klebt man nun einen Zettel mit einer beliebigen Knobelaufgabe auf die Dose.
Jeder Schüler, der Spaß am Knobeln hat, liest sich die Aufgabe durch, schreibt seine Lösung auf einen Zettel mit seinem Namen und steckt den Antwortzettel in die Dose.
Jeden Montagmorgen werden die Lösungszettel von der Lehrerin kontrolliert und die Schüler mit einem kleinen Preis belohnt, die für das Problem eine Lösung gefunden haben.

Die Rätseltaschen

Eine Rätseltasche ist ein Briefumschlag, in dem eine Karte steckt. Auf der Karte ist eine Person, ein Tier oder ein beliebiger Gegenstand zu sehen. Außen auf dem Umschlag steht eine kurze Beschreibung des Begriffs, z. B.: „Ich bin sehr, sehr groß und fürchterlich heiß. Ohne mich gäbe es kein Leben auf der Erde.“ Im Umschlag steckt eine Karte mit einer Sonne. Oder es steht auf dem Umschlag: „Ich bin essbar und meistens gelb. Ich wachse an Bäumen.“

Für eine Klasse werden etwa zwanzig Rätseltaschen vorbereitet.
Wer Lust zum Rätseln hat, holt sich fünf Taschen auf einmal und schreibt die Lösungen auf ein Blatt Papier. Zur Kontrolle darf der Schüler dann die Umschläge öffnen und nachschauen, ob er richtig getippt hat.

Turmbau zu Babel

Sobald das Startzeichen gegeben wird, haben die Schülergruppen genau drei Minuten Zeit, um aus irgendwelchen Baumaterialien einen möglichst hohen Turm zu bauen.
Als Baumaterial könnten z. B. Bücher, Schulranzen, Federmäppchen und Ordner dienen.

Die Gruppe, die im Augenblick des Schlusspfiffes den höchsten Turm aufgebaut hat, gewinnt.

Zusätzlich kann noch die Gruppe prämiert werden, deren Turm aus den meisten Einzelteilen besteht.

Ich sehe etwas …

Alle Schüler dürfen aus den Fenstern des Klassenzimmers schauen. Dann beginnt die Lehrerin das Spiel und sagt vielleicht: „Ich sehe etwas, das ist grün und hart.“ Der Schüler, der zuerst den richtigen Begriff, z. B. Bank, nennt, darf das nächste „Ich-sehe-etwas“-Rätsel vorgeben.

Der Spielekoffer

Ein alter Koffer, der aber noch über ein Schloss und einen passenden Schlüssel verfügt, wird mit allen Lernspielen gepackt, die man im Laufe der Zeit mit den Schülern gebastelt hat, und dazu kommen noch Farbstifte, Würfel, eine Sanduhr, Memory-Kärtchen, Spielkarten, Magnetbuchstaben usw.
Ist ein Kind mit seiner Arbeit fertig, so erhält es von der Lehrerin den Kofferschlüssel (sehr spannend!) und darf sich ein Spiel aussuchen.
Natürlich wird der Koffer auch in der Freiarbeit den Schülern zugänglich gemacht.

Die „Oscar“-Verleihung

Ein immer wieder erfolgreicher Trick, um die Schüler vor dem Davonträumen zu bewahren, besteht darin, ihre Raffgier anzusprechen. Auf dem Pult legt man vorsorglich z. B. zwei Minipackungen Gummibärchen bereit. Unterbrechen Sie den Unterricht an geeigneter Stelle und verkünden Sie mit feierlicher Stimme: „Der Gewinner des ‚Oscars‘ für intensive Mitarbeit (lang anhaltende Aufmerksamkeit, gutes Mitdenken, …) ist …“ – Ja und dann nennen Sie den Namen des Kindes, das den Preis eben verdient. Vergessen Sie auch nicht die Schüler, die für ihre Verhältnisse besonders aufmerksam waren.

Fahren Sie mit dem Unterricht fort und unterbrechen Sie ihn, wenn Sie merken, dass die Schüler gerade wieder in andere Welten hinüberträumen, erneut für den nächsten „Oscar".

Tipp: Wer für einen bestimmten Zweck einen ganz besonderen „Oscar" braucht, bastelt ihn auf diese Weise:

Als Füllung eigenen sich: Bonbons, Popcorn, Erdnüsse mit Schale, Kekse, Trockenobst, Sticker und Mini-Spielsachen, z. B. ein Jo-Jo.

Oscar & Co.

Es muss ja nicht jeder gleich einen „Oscar" verliehen bekommen, wenn er eine Aufgabe gut gemacht hat oder bei einem Spiel als Sieger hervorgegangen ist. Aber so ein kleiner Preis, noch dazu aus der Hand der Lehrerin, der macht schon besonders stolz!

Hier ein paar „Oscar"-Alternativen:

- Der Schüler darf für eine bestimmte Zeit am Pult, im Schaukelstuhl, im Lesesessel etc. sitzen.
- Der Schüler erhält eine Tüte Milch, eine Brezel, eine Semmel oder etwas anderes, das der Pausenstand anbietet.

- Der Schüler erhält einen zuckerfreien Kaugummi und darf ihn sofort kauen!
- Der Schüler darf ein Spiel aussuchen, das die ganze Klasse am Ende des Unterrichts spielen wird.
- Er darf während eines Spiels als Spielleiter fungieren.
- Der Schüler darf die Klasse z. B. auf dem Weg in den Pausenhof oder während eines Ausflugs anführen.
- Der Schüler darf sich für die nächste Woche einen Klassenjob aussuchen.
- Der Schüler darf das Klassenmaskottchen (siehe S. 79) auf seine Schulbank setzen.
- Der Schüler darf das Klassenmaskottchen übers Wochenende mit nach Hause nehmen.
- Der Schüler erhält eine Minipackung Gummibärchen, Rosinen, Nüsse oder eine Frucht als Belohnung.
- Er darf die Musik aussuchen, die z. B. während der Zeichen- oder Handarbeitsstunde gespielt wird.
- Der Schüler erhält eine besondere Briefmarke, einen Sticker oder einen Stempel.
- Der Schüler darf am nächsten Tag die Klassenhaustiere, z. B. die Fische, füttern.
- Der Schüler darf einen Tag lang mit einem besonderen Stift der Lehrerin oder mit einer besonderen Farbe schreiben (ein Hit bei den Kindern!).
- Der Schüler darf sich ein Lied wünschen, das die ganze Klasse an dem Tag noch singen wird.
- Der Schüler darf sich eine Geschichte wünschen, die die Lehrerin dann der Klasse vorlesen bzw. erzählen wird.

Chinesischer Feueralarm

Für alle Kinder, die gerade so sanft hinweggeschlummert sind, ist dieses Spiel eine richtige Gemeinheit.
Vor der Stunde wird ein Wecker gestellt. Nach etwa 30 Minuten klingelt der Wecker laut und deutlich und gibt damit das Zeichen für „chinesischen Feueralarm“. Sofort springen alle Kinder auf und laufen am Platz schnell und immer schneller, bis der Wecker schließlich aufhört zu läuten und sich alle wieder auf ihre Plätze setzen dürfen. Puh – gerettet!

Ein Gewitter zieht auf

Die Lehrerin schnalzt einmal mit den Fingern der linken und einmal mit den Fingern der rechten Hand und deutet auf einen Schüler. Der schnalzt jetzt im gleichen Rhythmus mit und deutet dann auf einen Mitschüler.
Auf diese Weise wird das Schnalzen immer lauter, bis schließlich die ganze Klasse damit beschäftigt ist.
Jetzt klatscht die Lehrerin zweimal in die Hände und deutet wieder auf einen Schüler. Während alle anderen noch schnalzen, klatscht dieser Schüler jetzt im Rhythmus mit der Lehrerin und deutet seinerseits auf ein weiteres Kind. Im Nu wird sich also das Schnalzen in ein Klatschen verwandeln. Es wird immer lauter im Klassenzimmer, das Gewitter rückt immer näher.
Zuletzt steht die Lehrerin auf und stampft mit beiden Beinen auf den Boden. Auch diese lauteste Bewegung geht nun von Schüler zu Schüler.
Schließlich, wenn alle Schüler stampfen, klatscht die Lehrerin wieder in die Hände und wenn auch diese Bewegung von allen mitgemacht wird, geht wieder ein Schnalzen von Kind zu Kind.
Das Schnalzen wird leiser, das Gewitter verzieht sich und wenn es ganz leise geworden ist, setzen sich alle wieder auf ihre Plätze.

Das Aufweck-Spiel

Kurz bevor die ganze Klasse vollends einschläft, kann man durch dieses kleine Spiel die Schüler in die Wirklichkeit zurückbringen.
Die Spielregeln müssen vorher einmal erklärt werden, sonst ist der Gag dieses Aufweck-Spiels weg. Werfen Sie einem Schüler einen kleinen Ball zu und rufen Sie: „Aufgepasst!"
Der Schüler hat nun drei Sekunden Zeit, den Ball seinerseits mit dem Ausruf „Aufgepasst!" einem Mitschüler zuzuwerfen. Spätestens jetzt sind alle Schüler wieder voll bei der Sache, denn jeder ist ja in Gefahr, den Ball als Nächster zugeworfen zu bekommen.

Tipp: Werfen Sie statt des Balls auch einmal etwas anderes zu, z. B. ein kleines Teddybärchen, einen feuchten Schwamm, ein kleines Kissen.

Der Rhythmus, bei dem ich immer mit muss

Klatschen Sie einen bestimmten Rhythmus vor und fordern Sie die Schüler nonverbal auf mitzuklatschen. Im Nu klatschen alle Schüler – selbst die hartnäckigsten Träumer sind in die Realität zurückgekehrt.

Tipp: Klopfen Sie den Rhythmus zur Abwechslung auf dem Pult vor, schnalzen Sie den Rhythmus mit den Fingern oder stampfen Sie ihn – falls Ihr Kassenzimmer ebenerdig ist – mit den Füßen auf den Boden.

Alles, was … ist

Jedes Mal, wenn dieses Spiel gespielt wird, darf ein anderer Schüler die Aufgabe stellen, z. B.: „Alles, was rot ist“ oder „Alles, was weich ist“ oder „Alles, was kleiner als meine Hand ist“.
Sofort notiert jeder Mitschüler so viele Dinge wie möglich, die die gestellte Bedingung erfüllen.

Diese Liste könnte so aussehen:
Himmel, Wasser, Blue Jeans, Tinte, Zwetschgen, Vergissmeinnicht, Helgas Mütze, unser Auto …

Nach fünf Minuten ist die Aufschreibezeit vorbei. Ein Kind liest seine gefundenen Antworten vor, die Mitschüler haken gleiche Begriffe auf ihren Blättern ab und melden sich, um bisher noch nicht genannte Begriffe vorzulesen.

Foto-Gespräche

Bringen Sie ab und zu mal ein paar Fotos mit in die Schule und fordern Sie die Schüler auf, ebenfalls Fotos von zu Hause mitzubringen.
In Gruppen werden die Fotos betrachtet, jeder Schüler erzählt etwas zum Inhalt, bzw. was wohl der Fotosituation vorausgegangen war und was der Situation damals möglicherweise folgte.
Spekulationen erwünscht – alles ist möglich!

Die Anti-Langeweile-Lotterie

Gemeinsam überlegen alle Schüler Arbeitsaufgaben, die weder viel Zeit noch Material benötigen, z. B. „Suche etwas Gelbes im Klassenzimmer!“, „Schreibe fünf Tunwörter mit l auf den Block!“, „Miss die Länge deiner

Nase, Fingernägel, Haare ...!“. Die Arbeitsaufträge werden auf Zettel geschrieben. Die Zettel werden gefaltet und in einer Schachtel gesammelt. Ist ein Schüler „arbeitslos“ geworden, darf er aus der Schachtel ein Los ziehen und den Arbeitsauftrag ausführen.

Pfeifenreiniger

Teilen Sie den Schülern, die mit einer Arbeit schon fertig sind, Pfeifenreiniger aus und fordern Sie die Kinder auf, mit den biegsamen Dingen Tiere, Buchstaben, Häuser oder was ihnen sonst noch einfällt zu formen.
Das ist eine interessante, einfache und vor allem leise Beschäftigung.

Bildübertragung

Die Schüler spielen in Partnergruppen miteinander. Ein Spieler sitzt am Tisch und hat vor sich ein Blatt Papier liegen.
Der Spielpartner steht hinter ihm und malt langsam mit dem Finger ein beliebiges Bild auf den Rücken des Sitzenden. Der wiederum überträgt alle Linien, die er auf seinem Rücken spürt, sofort auf das Zeichenpapier.
Lustig, was dabei herauskommt! Die so entstandenen Übertragungsbilder sollten unbedingt zum Vergnügen aller Schüler aufgehängt werden!

Gleich zu gleich

Alle Kinder flitzen zur Musik durchs Klassenzimmer. Plötzlich stoppt die Musik und die Lehrerin ruft z. B.: „Gleiche Augenfarbe!“ Sofort müssen sich alle Kinder zu Gruppen zusammenfinden, die die gleiche Augenfarbe haben. Beim nächsten Mal heißt es dann vielleicht: „Gleiche Haarfarbe!“ oder „Gleicher Anfangsbuchstabe der Vornamen!“ oder „Gleich viele Buchstaben des Vornamens!“ oder „Gleiche Schuhnummer!“.

Kleine Spielkarten-Lotterie

Jeder Schüler bekommt eine Spielkarte, deren Farbe und Wert er sich genau einprägt.
Dann reibt jeder seine Karte fest an einem Wollpulli oder einer Wolldecke und „klebt“ sie an die Wand oder Schranktür. Statisch aufgeladene Karten bleiben eine Weile haften, fallen dann aber wieder ab.
Derjenige, dessen Karte die längste Zeit haften bleibt, ist Sieger und darf eine beliebte Aufgabe in der Klasse übernehmen, z. B. Geld einsammeln, Hefte austeilen, das Rechenspiel aussuchen.

Sortierte Schüler

Alle Schüler sollen sich, ohne ein Wort zu sprechen, in einer Reihe aufstellen, und zwar

- der Größe nach,
- dem Anfangsbuchstaben ihres Vornamens nach,
- der Schuhgröße nach,
- der Haarlänge nach,
- der Hausnummer nach.

Einer von uns

Alle Kinder stehen auf. Die Lehrerin hat sich ein bestimmtes Kind ausgesucht, verrät aber nicht welches.

Langsam beschreibt sie dieses Kind, z. B.: „Die Geheimperson hat keine Brille." Nach dieser Angabe können sich also alle Brillenträger der Klasse schon mal setzen. So wird weiterbeschrieben, bis schließlich nur noch eine Person – die Geheimperson – übrig bleibt.

Im Zirkus Mozzarella

In diesem Zirkus gibt es viele Tiere. Und alle kann man an ihren Stimmen erkennen. Aber auch den Traktor, der die Zirkuswagen zieht, die Zirkuskapelle (tatata-taa!), den Dompteur (Allez-hopp!) und natürlich den Zirkusdirektor.
Aufgabe der Schüler ist es, den ganzen großen Zirkus Mozzarella vorzustellen.

Der erste Spieler stellt fest: „Der Zirkus Mozzarella hat einen Zirkusdirektor!"
Die übrigen rufen im Chor: „Hochverehrtes Publikum!"
Der zweite Spieler fährt fort: „Der Zirkus Mozzarella hat einen Zirkusdirektor und zwei dressierte Bären!"
Der Chor ruft: „Hochverehrtes Publikum! Brumm-brumm."
Die bereits vorgestellten Zirkusmitglieder müssen in der richtigen Reihenfolge genannt werden, bevor ein neues hinzugefügt werden darf. Natürlich wird das immer schwieriger. Wer einen Fehler macht, spielt als einfaches Chormitglied weiter mit. Wer zuletzt den ganzen Zirkus fehlerlos vorstellen kann, der verdient eine Freikarte!

Rotes Telefon

Das Rote Telefon steht nur ganz wichtigen Persönlichkeiten der Weltpolitik zur Verfügung. Mit einem Spielzeugtelefon (noch besser ist ein ausrangiertes echtes Exemplar) kann sich jede Schulklasse eine eigene Hotline schaffen.
Für das unbedingt notwendige Telefonbuch braucht man festes Papier, Stifte, Kleber, Locher und ein Stück farbiges Band.

Auf jede Seite wird nun eine Telefonnummer geschrieben. Zur Telefonnummer wird ein schönes Porträt gemalt oder ein Foto geklebt. Das fertige Telefonbuch wird dann kopiert, damit jeder Schüler ein persönliches Exemplar vom Klassentelefonbuch besitzt.
Mit dem Spieltelefon können sich die Kinder der neuen Klasse untereinander anrufen und über Hobbys, Geschwister, Lieblingsgerichte usw. berichten.

Kleine Vornamenkunde

Warum heißt Anna „Anna“ und woher hat Mark-Antonius seinen Namen? Vorerst wollen wir nur wissen, warum sich die Eltern der Kinder gerade für diese Vornamen entschieden haben. Jeder fragt zu Hause nach und kommt vielleicht auch selbst auf den Gedanken, die Oma zu fragen, warum die Mutter ausgerechnet Hannelore heißt.
Wenn die Kinder dann den Mitschülern erzählen, warum sie so genannt wurden, kann man zusätzlich noch in einem speziellen Buch nachlesen und dem Ursprung des Namens nachgehen.

Die Tagesüberraschung

Ein undurchsichtiges Säckchen wird jeden Tag mit einer neuen Überraschung gefüllt. Am Morgen oder nach der großen Pause wandert das

Säckchen von Schüler zu Schüler. Jeder greift mit geschlossenen Augen hinein und tastet das Ding gründlich ab, bevor er den Sack weiterreicht. Natürlich wird kein Sterbenswörtchen verraten, bevor nicht auch der Letzte die Überraschung abgetastet hat.
Kinder, die bereits an der Reihe waren, denken schon mal darüber nach, warum die Lehrerin ausgerechnet diesen Gegenstand an diesem Tag ins Überraschungssäckchen gesteckt hat.
Das könnten solche kleinen Überraschungen sein wie
- ein Pfennigstück am Weltspartag,
- ein Stück Rinde am Tag des Baumes,
- eine Riesentafel Schokolade am Tag der Herausgabe der Nachschrift,
- eine Kastanie am Herbstanfang.

Die Stuhl-Staffel

Die Schüler bilden im Freien oder in der Turnhalle zwei gleich große Spielgruppen. Jede Gruppe wählt einen der Ihren zum Stuhlläufer.
Nun stellt jede Gruppe zehn Stühle dicht nebeneinander auf. Die Stuhlläufer stellen sich jeweils auf den vordersten Stuhl der Reihe. Sobald das Startzeichen gegeben wird, tragen die Schüler die Stühle nach vorne und stellen diese vor den Läufern wieder auf. So wandern die Auserwählten von Stuhl zu Stuhl, bis endlich der Schlusspfiff ertönt. Welcher Stuhlläufer hat bis dahin die weiteste Strecke zurückgelegt?

Bin ich ...?

Ein Schüler kommt vor zur Tafel, stellt sich aber so hin, dass die Tafel hinter seinem Rücken ist und er zu seinen Mitschülern schaut.
Die Lehrerin schreibt jetzt den Namen eines Kindes an die Tafel, z. B. Carolyn.
Der Schüler an der Tafel soll nun herausbekommen, in wessen „Haut“ er steckt. Das Kind stellt dazu Fragen an die Klasse, die mit Ja oder Nein bzw. Nicken oder Kopfschütteln zu beantworten sind, z. B.:
- „Bin ich ein Mädchen?“

– „Trage ich eine Brille?“
– „Habe ich Zöpfe?“

Wie viele Fragen sind nötig, bis das Kind den Namen, der an der Tafel steht, herausbekommt?

Ja und Nein

„Ja und Nein“ ist ein lustiges Spiel, bei dem alle Schüler versuchen, mit einem bestimmten, von der Lehrerin vorgegebenen Körperteil – z. B. den Armen – Ja beziehungsweise Nein zu sagen.
Das regt die Fantasie an, macht Spaß und hilft, verkrampfte Muskeln zu entspannen.
Besonders wild wird es dann in der nächsten Spielrunde, wenn die Kinder z. B. mit den Armen Ja, aber mit der Nase Nein sagen sollen.

Bitte weitergeben!

Fünf Schüler gehen aus dem Klassenzimmer und überlegen sich einen beliebigen Gegenstand, den sie nun pantomimisch von einem zum anderen weitergeben wollen, z. B. einen Eimer mit Wasser, ein Klavier, einen winzigen Käfer, ein schreiendes Baby.
Dann gehen die fünf Schüler zurück ins Klassenzimmer, stellen sich vor der Klasse auf und reichen nun mit entsprechenden Gebärden, jedoch ohne Worte die imaginäre Person, das Tier oder den Gegenstand weiter.
Die Mitschüler schauen sich die Vorstellung aufmerksam an und raten dann, um was es sich wohl dabei gehandelt hat. Wer den richtigen Begriff nennt, darf vier Mitschüler aussuchen und mit ihnen aus dem Klassenzimmer gehen, um den nächsten Begriff zu überlegen.

Von Halm zu Halm

Jeder Spieler hat einen Trinkhalm im Mund. Der erste Spieler saugt ein kleines Stückchen Papier an und muss es nun seinem Nachbarn weitergeben. Das ist gar nicht so einfach. In dem Moment, in dem der Nachbar das Papier angesaugt hat, muss der erste Spieler loslassen. Aber ja nicht früher, sonst fällt das Papier herunter. Vielleicht gelingt es, das Papier einmal durch die ganze Klasse wandern zu lassen?

Würfel-Poker

„Würfel-Poker“ spielt man am besten in kleinen Gruppen mit drei oder vier Schülern.
Ein Schüler nennt eine beliebige Würfelzahl, z. B. Vier, und darf dann zehnmal würfeln.
Wie oft würfelt er dabei seine ausgewählte Zahl? Das Ergebnis wird von jedem Spieler aufgeschrieben. War schließlich jeder einmal an der Reihe, wird der Sieger der ersten Runde ermittelt.

Vorlesen

Wenn die Lehrerin eine Geschichte vorliest, so ist das toll – aber noch viel toller ist es, wenn ab und zu ein Gastleser eingeladen wird, der den Kindern vorliest. So ein Gastleser könnte z. B. ein Kind aus der sechsten Klasse sein, das den Lesewettbewerb der Schule gewonnen hat, aber auch eine liebe Oma oder eine große Schwester.

4 Große Pause!

Pausensammlung

Die Schüler spielen in Gruppen gegeneinander. Vor der großen Pause erhält jeder Gruppenleiter ein Blatt, auf dem von der Lehrerin notiert wurde, was die Gruppen während der Pause suchen sollen, z. B.

- etwas Weiches,
- etwas Zerbrechliches,
- etwas Rotes,
- etwas Lebendiges,
- etwas aus Plastik,
- etwas Biegsames.

Die Gruppen erhalten jeweils eine Tüte, in die sie die Beutestücke stecken können.
Nach der Pause darf jede Gruppe ihre Schätze vorzeigen. Welche Gruppe hat zu jedem Auftrag etwas Passendes gefunden?

Das Rubbelbilder-Quiz

Die Schüler bekommen den Auftrag, in der nächsten großen Pause im Schulhof bzw. im Schulgebäude so viele verschiedene Rubbelbilder anzufertigen wie möglich. Am besten gehen die Schüler in Partnergruppen auf Beutejagd.
Tolle Rubbelbilder kann man z. B. von einer rauhen Wand, von Blättern, von Kacheln, von Holztüren, von Türschlössern und von verkratzten Schulbänken herstellen.
Das Kind legt ein Blatt Papier über die geeignete Stelle, hält das Blatt mit einer Hand fest und fährt mit der schräg gehaltenen Spitze eines Bleistifts auf der Oberseite des Blattes hin und her. Wie von Zauberhand ist plötzlich die Struktur der verdeckten Rubbelstelle auf dem Papier zu sehen.
Nach der Pause breitet jede Partnergruppe ihre Rubbelbilder auf dem Tisch aus oder hängt die Bilder mit Büroklammern an eine eigens zu diesem Zweck gespannte Wäscheleine.
Ja, und dann beginnt das Quiz. Wer kann erraten, woher die Rubbelbilder

stammen? Handelt es sich bei dem einen Bild um abgerubbelte Baumrinde oder um die Struktur einer Lederschultasche?

Papagei-Theater

Die Spieler stehen im Kreis. Jeder darf sich ganz geheim irgendeine andere Person aussuchen, die er nachmachen möchte. Nachgemacht werden alle Gebärden, die Mimik und natürlich wird alles nachgeplappert, was die entsprechende Person so von sich gibt. Zuerst entsteht ein heilloses Durcheinander, doch plötzlich tun alle Kinder das Gleiche und keiner weiß, wer eigentlich damit angefangen hat.

Schatten fangen

Ein Kind wird zum Schattenfänger und jagt nun den Mitspielern hinterher. Gelingt es ihm, auf den Schatten eines Spielers zu treten, ist der somit abgeschlagen und wird zum neuen Schattenjäger.
Es ist gar nicht so einfach, seinen Schatten in Sicherheit zu bringen!

Schulterklopfen

Auf dem Sportplatz werden mit Kreide drei Quadrate (Kreise oder Rechtecke) aufgemalt, und zwar so: Das kleinste Feld sollte gerade so groß sein, dass alle Sportler darin stehen können.
Sobald der Startpfiff ertönt, versucht jeder Spieler einem oder mehreren Mitschülern auf die Schulter zu klopfen. Wer angetippt wird, muss das Innenquadrat verlassen und in das mittlere übersiedeln. Dort versucht er natürlich auch gleich anderen, ebenfalls dort gelandeten Spielern auf die Schulter zu klopfen. Derjenige, bei dem wieder „angeklopft" wird, begibt sich schließlich in das äußere Quadrat.
Das Spiel ist zu Ende, wenn sich in jedem Spielquadrat nur noch ein Spieler befindet und alle anderen außerhalb des äußeren Feldes gelandet sind

Anhängsel

Alle Schüler bis auf einen stehen im Pausenhof in einer Reihe. Dem übrigen Kind werden die Augen verbunden. Nun gibt die Lehrerin verschiedenen Schülern ein Zeichen. Diese Kinder stellen sich als „Anhängsel" hinter das Kind mit den verbundenen Augen.
Nun darf das „blinde" Kind ein bisschen hin und her gehen und die Anhängsel folgen ihm dabei. Dann aber soll es angeben, wie viele Anhängsel es wohl hat. Das ist gar nicht so einfach zu schätzen!

Hase und Igel

Dieses Laufspiel ist ideal für eine Klasse, die sich mal so richtig austoben soll.
Alle Schüler stehen nebeneinander an einer Linie und laufen, sobald das Startzeichen ertönt, zur etwa 50 Meter entfernten Linie. Wer dort zuerst ankommt, ruft: „Ich bin schon da!" Gleichzeitig scheidet das betreffende Kind aus. Alle anderen Rennläufer drehen, wo immer sie sich gerade befinden, um und rennen zur Ausgangslinie zurück. Wieder ruft der Erste: „Ich bin schon da!" Auch dieses Kind scheidet aus. So wird hin- und hergelaufen, bis auch der letzte Läufer „ … schon da" ist.

Kaputt!

Seifenblasen sind ein wundervolles Spielzeug. Sie eignen sich sogar dazu, aufgestaute Aggressionen der Schüler abzureagieren.
Ein Schüler stellt sich auf einen Stuhl oder im Pausenhof auf eine Bank, einen Baumstumpf oder was sich sonst noch als Podest eignet und bläst immer wieder viele Seifenblasen in die Luft. Die einzige Aufgabe der Mitschüler besteht darin, die Seifenblasen zwischen ihren Händen zu zerklatschen.

Hüpfkästchen mit Buchstaben

Im Pausenhof wird mit Kreide ein Gitter von 4 x 4 gleich großen Kästchen aufgezeichnet. Jedes Kästchen muss so groß sein, dass ein Kind mit beiden Beinen darin stehen kann.
Dann beschriftet man die Kästchen mit den 16 meist gebrauchten Buchstaben.

G	N	J	D
U	A	R	H
T	L	E	O
F	B	M	S

Jeder Schüler hüpft auf einem Bein ein Wort aus vier (später fünf und mehr) Buchstaben.
Auf die Striche treten ist streng verboten!

Slalom

Auf dem Schulhof werden zehn Hindernisse, z. B. Schultaschen oder Pappbecher, aufgestellt, um die die Kinder nun alle einmal probeweise im Sla-

lom herumgehen dürfen. Dann aber werden einem Kind die Augen verbunden. Schafft das Kind den Slalom-Parcours auch mit verbundenen Augen zu durchschreiten?
Schwierig ist das ganz bestimmt. Deshalb muss man sich vorher die Position der Hindernisse ganz genau einprägen.

Geburtstags-Zwilling gesucht

Erteilen Sie den Schülern Ihrer Klasse vor der großen Pause den Auftrag, einen Geburtstags-Zwilling zu suchen.
Die Schüler fragen während der großen Pause so viele Zeitgenossen wie möglich, wann sie Geburtstag haben. Natürlich werden Lehrer, Hausmeister, Putzfrauen etc. ebenfalls gefragt. Wer findet einen Menschen, der am gleichen Tag Geburtstag hat wie er selbst?
Wer nach der Pause einen Geburtstags-Zwilling vorweisen kann, bekommt einen Preis!

5 Psst!

Die Minute der Besinnung

Mit Grundschulkindern eine Schweigeminute einzulegen ist gar nicht so einfach. „Ich weiß nämlich nie, woran ich denken soll", erklärte ein Schüler, der sich nicht ruhig halten konnte.
Darum ist es gut, den jüngsten Schülern etwas aufzutragen, z. B.:

- „Schließe die Augen und lausche! Wie viele verschiedene Geräusche kannst du hören?"
- „Lege in Gedanken noch einmal deinen Schulweg zurück – von der Wohnungstür bis ins Klassenzimmer!"

Schreiballon

Die Lehrerin wirft einen aufgeblasenen Luftballon im Klassenzimmer hoch. Der Ballon schwebt langsam zurück zum Boden.
Solange sich der Ballon in der Luft befindet, dürfen die Kinder aus Leibeskräften schreien, pfeifen, kreischen, brüllen, muhen oder was auch immer.
Sobald der Ballon den Boden berührt, sind alle sofort still.

Lehrers Lieblingsspiel

Alle Schüler – bis auf einen – legen ihren Kopf auf die verschränkten Arme und schließen die Augen.
Der übrige Spieler schleicht jetzt so leise wie irgend möglich durch das Klassenzimmer. Die anderen Schüler verhalten sich mucksmäuschenstill.
Sobald der Schleicher ein Geräusch macht, ist seine Spielzeit vorüber. Die Schleichzeit wird mit einer Stoppuhr gemessen und notiert.
Beim nächsten Mal darf ein anderer Schüler herumschleichen. Waren alle Schüler einmal an der Reihe, werden die Schleichzeiten verglichen und der Schüler prämiert, der den Schleichrekord aufgestellt hat.
Ein angenehmes Spiel, das z. B. nach der großen Pause die Kinder sehr schnell beruhigt.

Schutz für die Ohren

Wenn die Klasse das nächste Mal sehr laut wird, setzt man Ohrenschützer auf. Das sieht lustig aus, verblüfft die Schüler und wirkt in Sekundenschnelle.

Tapetenwechsel

Wenn die Schüler nicht mehr stillsitzen können und die Konzentration auf dem Nullpunkt angelangt ist, ist die Zeit für „Tapetenwechsel" gekommen.
Halten Sie den Mathematikunterricht im Pausenhof ab, tauschen Sie das Klassenzimmer mit einem Kollegen, lassen Sie die Kinder im Stadtpark zeichnen oder eine Geschichte im Lesebuch lesen, während Sie mit bedächtigen Schritten kreuz und quer über die Wiese wandern.

Leise mit Musik

Wenn man in eine laute Klasse kommt, die Kinder wild durcheinander reden und man weiß, dass es eine ganze Weile dauern wird, bis sich die Geister beruhigt haben, kann man diesen Trick ausprobieren.

Ein Kassettenrekorder wird angeschaltet, sodass sehr laute Musik ertönt. Dann dreht man die Musik leiser und leiser. Wenn die Musik kaum mehr zu hören ist, sind die Kinder meistens ganz, ganz leise geworden und man kann mit dem Unterricht beginnen.

So kehrt Ruhe ein

Versuchen Sie nie den Lärm in einer Klasse stimmlich zu übertönen!
Im Gegenteil: Je lauter die Klasse, umso leiser wird der Lehrer. Fahren Sie ruhig und freundlich mit dem Unterricht fort – nur eben ganz leise. Meistens dauert das nur ein paar Minuten und die Schüler sind mucksmäuschenstill.

Himmlische Ruhe ...

... breitet sich wie von Zauberhand durch dieses kleine Spiel aus.
Die Lehrerin erklärt die Spielregel: „Ab sofort ist es mucksmäuschenstill. Niemand darf sprechen oder irgendein anderes Geräusch machen. Wer zuerst die Ruhe durchbricht, verliert."
Ein schönes Spiel, nicht?

Startlinie

Ein Streifen Klebeband von ca. einem Meter Länge wird parallel zur Klassenzimmertür auf den Boden geklebt. Wenn sich die Schüler beim Hinausgehen an der Tür versammeln, steht der erste Schüler an der Klebelinie, alle anderen natürlich hinter ihm. Dadurch kann die Lehrerin die Tür problemlos öffnen und es entsteht kein Gepolter an der Tür.

Ruhe herbeiklatschen

Sollen die Kinder z. B. nach der Pause zur Ruhe kommen, hilft dieses Spiel: Die Lehrerin klatscht einen einfachen Rhythmus vor und fordert die Schüler nonverbal auf mitzuklatschen. Ein Schüler nach dem anderen wird dem Folge leisten und schließlich klatscht die ganze Klasse.
Erst klatscht man ganz laut, dann immer leiser und schließlich verstummt das Klatschen. Am Ende ist es ganz still geworden und der Unterricht kann beginnen.

Das Zeitlupen-Spiel

Wie bringt man eine ausgelassene Schülerschar nach einem wilden Spiel wieder zur Ruhe? Mit dem Zeitlupenspiel – und das geht so:
Die Lehrerin macht verschiedene Bewegungen vor, die Schüler machen alles genauso nach. Die Bewegungen der Lehrerin werden immer langsamer, schließlich geht sie im Schneckentempo zu ihrem Stuhl und setzt sich.
Jetzt sollten alle Kinder etwa eine halbe Minute lang regungslos auf ihren Plätzen verharren, bevor die Lehrerin den Bann von ihnen nimmt und mit dem normalen Unterricht beginnt.

Ich habe was für dich!

Alle Schüler stehen im Kreis und zwicken ihre Augen fest zu. Die Lehrerin gibt nun einem Schüler eine Tasche (Blumentopf, Federmäppchen, ...) in die Hand. Dieser Schüler summt leise, solange er die Tasche in Händen hält, und gibt sie dann – immer noch mit geschlossenen Augen – an seinen linken Nachbarn weiter. Auf diese Weise wird es plötzlich ganz ruhig und jeder versucht, den Standort der Tasche zu orten, indem er auf den Summton achtet.

Hat der erste Spieler die Tasche wieder, ist das Spiel zu Ende und alle schleichen ganz leise zurück zu ihren Plätzen.

Treppauf – treppab

Kinder gehen eine Treppe wesentlich ruhiger und disziplinierter hinauf oder hinunter, wenn man ihnen den Auftrag gibt, die Stufen zu zählen.

Geräuschlose Mitteilung

Ein Spieler „spricht“ einen Satz langsam und deutlich, jedoch ohne jedes Geräusch.

Die Mitschüler müssen höllisch aufpassen und versuchen, die Worte vom Mund des stummen Spielers abzulesen.

Wer kann nun den Satz hörbar wiedergeben?

Wer das schafft, darf gleich die nächste geräuschlose Botschaft mitteilen.

6 Eine tolle Gemeinschaft

Neue Gruppenzusammenstellungen

Es ist ja langweilig, wenn immer nur die gleichen Kinder miteinander spielen und arbeiten. Ab und zu ist es deshalb schon wichtig, dass die Gruppen neu zusammengestellt werden.

1. Partnergruppen

- Jeder Schüler zieht sich mit geschlossenen Augen einen Socken oder Handschuh aus einem Korb. Gleich besockte bzw. behandschuhte Kinder spielen und arbeiten zusammen.
- In einem Korb liegen viele Schnurstücke (jedes etwa 30 cm lang). Die Kinder suchen sich ein Schnurende aus und halten es fest in der Hand. Dann werden die Schnüre entwirrt. Die beiden Kinder, die je ein Ende der gleichen Schnur festhalten, gehören nun zusammen.
- Auf einem Tisch liegen Memory-Kärtchen – mit dem Bild nach unten. Jedes Kind nimmt sich ein Kärtchen und sucht den Bildpartner.
- Alte Ansichts- und Glückwunschkarten werden in je zwei Puzzleteile geschnitten. Jedes Kind zieht mit geschlossenen Augen ein Teil aus einem Korb und sucht denjenigen, der das passende Gegenstück gezogen hat.
- Die Schüler sitzen im Kreis. Jeder würfelt einmal und merkt sich seine Zahl. Sobald eine Zahl zum zweiten Mal gewürfelt wird, gehen die beiden Kinder mit derselben Zahl gemeinsam an die Arbeit.
- Auf kleine Zettel werden Tiernamen geschrieben. Jeder Name erscheint auf zwei Zetteln. Nun darf jedes Kind ein Los ziehen und für sich den Tiernamen lesen. Hat schließlich jeder Schüler sein Los geöffnet, gibt die Lehrerin das Startzeichen. Sofort benimmt sich jeder wie das Tier, dessen Name auf seinem Zettel stand. Also die Kuh geht beispielsweise gemächlich auf allen Vieren durchs Klassenzimmer und muht, bis sie ihre Partnerkuh gefunden hat.

2. Dreiergruppen

Die Schüler werden aufgefordert, sich nach ihren Geburtstagen in einer Reihe aufzustellen. Rein theoretisch stünde dann das Kind, das am 1. Januar Geburtstag hat, ganz vorne in der Reihe und dasjenige, welches am 31. Dezember Geburtstag hat, bildet den Schluss.

Die Lehrerin zählt von vorne bis zum Reihenende immer drei Kinder ab, die nun eine Gruppe bilden.
Anstatt sich nach den Geburtstagen aufzustellen kann man die Kinder natürlich auch viele andere Reihen bilden lassen, z. B.
- nach ihrer Hausnummer,
- nach ihrer Größe,
- nach der Anzahl der Buchstaben in Vor- und Nachnamen.

3. Vierergruppen

- Ein Kartenspiel wird gemischt und die Karten an die Schüler verteilt. Alle Schüler, die eine Karte mit einem bestimmten Wert erhalten haben, z. B. alle Könige, bilden eine Vierergruppe und spielen bzw. arbeiten zusammen.
- Alte Kalenderbilder und ausrangierte Spielkarten werden jeweils in vier Teile zerschnitten und in einen Korb gelegt. Jeder Schüler zieht mit geschlossenen Augen ein Puzzleteil aus dem Korb. Die vier Kinder, die sich nun finden, um eine Karte wieder zusammenzusetzen, bilden eine Gruppe.
- Reihum darf jeder Schüler einmal würfeln. Die ersten vier Kinder, die eine Eins würfeln, bilden eine Gruppe usw.

4. Große Gruppen

- Jeder Schüler erhält eine Karte aus einem Kartenspiel. Jetzt bilden alle Kinder eine Gruppe, die eine Karte einer bestimmten Farbe bekommen haben, z. B. alle Karos gehören zu einer Gruppe.

Je nach Klassengröße werden ggf. vor dem Austeilen einige Karten aus dem Spiel genommen.

Teamverlosung

Wenn man Kindern erlaubt, Gruppenmitglieder zu wählen, entstehen meistens die gleichen Teams – nämlich der Freundeskreis desjenigen, der wählen durfte. Durch eine Teamverlosung wird manches anders.
Den Wählern wird klargemacht, dass sie zwar Mitglieder einer Gruppe

auswählen dürfen, es jedoch nicht sicher ist, ob sie selbst zu dieser Gruppe gehören werden. Geben Sie zuerst jedem Wähler eine Nummer, also z. B. 1, 2, 3 und 4. Das jeweils von ihm gewählte Team trägt die entsprechende Nummer.
Dann aber muss jeder Wähler einen Zettel ziehen. Auf den Zetteln stehen ebenfalls die Zahlen von 1 bis 4. So kann es also passieren, dass der Wähler der Gruppe 4 selbst der Gruppe 2 angehört usw.

Plätze auswürfeln

Na, dieser Tag geht ja schon wieder gut los! Auf jeden Platz im Klassenzimmer hat die Lehrerin vor dem Unterricht einen Zettel mit einer beliebigen Würfelzahl, z. B. einer Sechs, gelegt.
Wer heute das Klassenzimmer betritt, wird gleich ans Pult gebeten, wo der Schüler einmal würfeln darf. Ja nach gewürfelter Augenzahl sucht sich der Schüler jetzt einen Platz aus, auf dem ein entsprechender Zettel liegt.
So wird weitergespielt, bis jedes Kind seinen Platz für diesen Tag erwürfelt hat.

Das Klassen-Puzzle

In Bastel- und Papierläden sowie bei Versandhäusern von Büroartikeln bzw. Schulmaterialien kann man große, unbedruckte Puzzles kaufen. Ein solcher Blanko-Satz wird gebraucht, um daraus ein Puzzle – speziell für diese Klasse – herzustellen.
Zuerst wird das Puzzle auf einem Tisch zusammengebaut. Dann darf jeder Schüler seinen Namen in einer beliebigen bunten Farbe auf das Puzzle schreiben. Wer will, darf seinen Namen noch bunt verzieren. Wenn alle mit ihrer Arbeit zufrieden sind, wird das Puzzle in seine Teile zerlegt und in einer Schachtel aufbewahrt.
Wann immer Zeit ist, darf sich ein einzelner Schüler oder eine Schülergruppe das Klassen-Puzzle abholen und zusammenlegen.

Die Baby-Schüler

Kinder lieben es, Babyfotos zu betrachten. Bitten Sie die Schüler, je ein Babyfoto von sich mitzubringen und Ihnen das Foto heimlich zu übergeben.
Die Babyfotos werden an einer Pinnwand befestigt und mit Nummern versehen. Jeder Schüler braucht noch eine Kopie von der Klassenliste und dann kann der Spaß auch schon beginnen.
Die Schüler gehen in Gruppen an die Pinnwand und jeder trägt auf seiner Liste neben jedem Namen die Nummer des vermutlich zu diesem Mitschüler passenden Babyfotos ein. Haben alle Schüler ihre Liste ausgefüllt, geben sich nacheinander die Foto-Stars zu erkennen und die Mitschüler schreiben sich einen Punkt gut, wenn sie richtig getippt haben.
Nicht vergessen: Ein Babyfoto der Lehrerin gehört natürlich auch an die Pinnwand!

Wenn zwei sich streiten, ...

... und gleichzeitig der Lehrerin erklären wollen, was passiert ist, versteht diese vermutlich gar nichts.

Ein einfacher Trick, um beide gleichzeitig zu Wort kommen zu lassen, besteht darin, die beiden Kinder zu beauftragen, das Ganze schriftlich darzustellen.
Während des Schreibens kühlen die Gemüter ab, es wird nur das Wichtigste zu Papier gebracht und die Schüler üben darüber hinaus noch das Schreiben von Beschwerdebriefen.

Zeit zum Streiten

Die Streiter selbst und auch die Außenstehenden können kaum ein Wort verstehen, wenn zwei Streithähne gleichzeitig aufeinander einschimpfen.
Eine wunderbare und dabei sehr einfache Art, dieses Problem zu lösen, ist Folgendes:
Zwei Stühle werden im Abstand von etwa zwei Metern so hingestellt, dass die beiden Streiter, die sich darauf setzen werden, einander zugewandt sind.
Ein Stuhl wird mit einem roten Schild versehen und wird damit zum „Zuhörerstuhl“, der andere bekommt ein grünes Schild und wird dadurch zum „Sprecherstuhl“.
So, nun dürfen sich die Streithähne für jeweils zwei Minuten auf die Stühle setzen. Ist die Sprech- bzw. Zuhörzeit vorbei, tauschen sie ihre Plätze und das jeweilige Verhalten. So wird weiterverfahren, bis alles gesagt und alles gehört wurde und sich das Problem meistens dadurch von selbst erledigt hat. Die Lehrerin greift, wenn überhaupt, erst am Ende ein und versucht das Resümee zu ziehen.

Das Super-Riesen-Klassenkompliment

Die Schüler sitzen im Kreis. Einer beginnt und sagt zu seinem linken Nachbarn vielleicht: „Du bist klug.“ Der Nachbar wendet sich zu seinem linken Partner und erklärt ihm: „Du bist klug und nett.“ Der Schüler wendet sich wiederum an seinen linken Nachbarn, wiederholt alle vorangegangenen Komplimente und fügt ein neues hinzu, z. B.: „Du bist klug, nett und fleißig.“

So wird weitergespielt, bis schließlich der letzte Spieler im Kreis ein Super-Riesen-Klassenkompliment dem Schüler macht, der das Spiel begonnen hat.

Eine Hand wie die andere?

Einem Schüler werden die Augen verbunden. Ein Mitschüler reicht ihm jetzt seine rechte Hand. Der „Blinde“ tastet die Hand ganz genau ab und merkt sich alle Besonderheiten, z. B. einen Ring am Finger oder einen besonders langen Daumennagel.
Kann er diese Hand unter mehreren anderen Händen wieder herausfinden?

Erlebnisse des Klassenmaskottchens

Jede Grundschulklasse braucht ein Maskottchen. Das kann eine Handpuppe, eine Marionette, ein Fingerpüppchen, ein Kuscheltier oder eine Puppe sein. So ein Klassentier hat viele Vorteile. Es übernimmt z. B. immer dann den Unterricht, wenn die Kinder müde werden. Da so ein Maskottchen auch viel Quatsch erzählt und alle Kinder lachen müssen, hört man ihm immer gerne zu, selbst wenn man schon ganz erledigt ist.

Das Maskottchen kann zudem Streit schlichten, es kann traurige Kinder in Nullkommanix aufheitern, begleitet einzelne Schüler sogar außerhalb der Schulzeit bei Theateraufführungen, Sportwettbewerben und dergleichen.
Ja, und dann kann es noch etwas ganz Besonderes, nämlich Kinder vor der ganzen Klasse zum Sprechen bewegen!
An jedem Wochenende darf nämlich ein anderes Kind das Kuscheltier mit nach Hause nehmen und es der Familie vorstellen. Klar, dass so ein Maskottchen dann auch allerhand erlebt.
Was genau, das erzählt es am nächsten Montagmorgen den Mitschülern.

Das 10-Punkte-Rennen

Belohnen Sie Ihre Klasse für besonders gutes Benehmen oder gute Leistungen mit einem Punkt. Diese Punkte werden als Klebepunkte auf ein Extra-Poster geheftet.
Punkte werden beispielsweise vergeben, wenn die gesamte Klasse mucksmäuschenstill vom Klassenzimmer zur Turnhalle gewandert ist oder eine Woche lang keiner eine Hausaufgabe vergessen hat.
Sind zehn Punkte erreicht, bekommen die Schüler eine Belohnung.
Beispiel:
- Am Freitag in den letzten beiden Stunden wird ein besonderer Film gezeigt.
- Die Kinder bekommen drei Tage lang keine schriftliche Hausaufgabe auf.
- Am nächsten Schönwettertag gibt es ein Frühstückspicknick auf der Wiese.
- Die Klasse macht eine Exkursion, z. B. den Bach entlang.
- Wir warten auf Wind und lassen eine Stunde lang unsere Drachen steigen.

Wie nett von dir!

Ein Schüler steht auf und sagt etwas Nettes über einen Mitschüler, z. B.: „Ich finde es nett von Flori, dass er mir manchmal seine Stifte leiht."

Derjenige, an den das Kompliment gerichtet ist, steht als Nächster auf und sagt etwas Nettes über ein anderes Kind.

Achtung!
Jedes Kind darf nur einmal an die Reihe kommen, um zu gewährleisten, dass auch wirklich über jeden Schüler etwas Nettes gesagt wird.

Onkel Joe

Onkel Joe ist eine Riesenpuppe, bestehend aus ausgestopften Kleidungsstücken. Als Kopf dient ein kleiner ausrangierter Kopfkissenbezug, auf den man Augen, Nase und Mund malt.
Natürlich hat Onkel Joe auch Schuhe, in denen ausgestopfte Socken stecken.
Joes Hände werden aus dünnen Einweghandschuhen hergestellt, die mit Watte gefüllt werden.
Alle Einzelteile werden mit Zwirn zusammengenäht. Ob Joe zusätzlich auch noch einen Hut oder eine Faschingsperücke auf dem Haupt trägt, hängt von den Dingen ab, die die Kinder von zu Hause mit in die Schule bringen.
So sitzt Onkel Joe in der letzten Bank und lauscht dem Unterricht. Wer wütend ist, kann Onkel Joe anschnauben oder gar boxen – er nimmt nichts tragisch. Onkel Joe ist der ideale Ersatzmann, wenn ein Kind erkrankt ist; dann sitzt Onkel Joe auf seinem Platz. Geduldig hört er zu, wenn ihm vorgelesen wird oder ihm Sorgen erzählt werden.
Ab und zu setzt sich Onkel Joe sogar ans Pult und spielt Lehrer – ja, so einer ist das!

Das Klassen-Erinnerungsalbum

Ein Erinnerungsalbum besteht aus einem DIN-A4-Doppelheft, in das während des Schuljahres Fotos eingeklebt, Theater- und Zookarten der letzten Schulausflüge eingeheftet und eine Menge kleiner Episoden aus dem alltäglichen Schulleben eingetragen werden.

Das Erinnerungsalbum bleibt bei der Klasse und sollte in den nächsten Schuljahren nach Möglichkeit noch viele Geschwister bekommen.
Natürlich darf man das Album auch ausleihen und es zu Hause den Eltern und Geschwistern zeigen.

Die Gelben Seiten

Wer die Gelben Seiten aufschlägt, sucht normalerweise einen Spezialisten. So soll das bei dieser Schulversion auch sein.
Jedes Kind hat irgendwelche speziellen Kenntnisse oder Fähigkeiten – und genau diese werden in den Gelben Seiten bekannt gemacht.
Da gibt es vielleicht einen Schüler, der den Umgang mit dem Zirkel fast perfekt beherrscht. Es gibt jemanden, der viel liest und daher Fremdwörter oder ungewöhnliche Wörter erklären kann. Ein Schüler kennt sich prima im Umgang mit technischen Geräten aus, ein anderer ist Computerexperte usw.
Braucht ein Schüler nun eine Hilfe – egal ob im schulischen oder außerschulischen Bereich, so hilft ein Blick in die Gelben Seiten, um einen Experten zu finden, der vielleicht helfen kann.
Die Gelben Seiten werden entweder an der Pinnwand ausgehängt oder man klebt sie in ein Schulheft mit gelbem Einband.

Achtung!
Jeder Schüler sollte mindestens einmal in den Gelben Seiten vertreten sein!

Der Krankenanruf

Ist ein Kind längere Zeit krank, kann man ihm eine besondere Freude machen, wenn jeden Tag um die gleiche Uhrzeit, z. B. in der großen Pause, ein anderes Kind aus der Klasse bei ihm anruft und die letzten Neuigkeiten erzählt.
Der Kranke freut sich schon darauf, wenn er weiß, wann er angerufen wird. Trotzdem ist dieser Anruf jeden Tag wieder eine Überraschung, weil er ja nicht weiß, wer anrufen wird.

Kassettenpost

Schüler, die längere Zeit krank sind, bekommen von ihrer Klasse eine besondere Überraschung. Gemeinsam wird eine Kassette besprochen oder besungen. Natürlich ist jeder einmal an der Reihe, dem Kranken „Gute Besserung“ zu wünschen, ihm vielleicht einen Witz oder eine Neuigkeit zu erzählen. Auch die Lehrerin spricht etwas auf die Kassette und erzählt vielleicht eine lustige Begebenheit, die sich in der letzten Schulwoche zugetragen hat.
Die Kassette wird per Post dem kranken Schüler zugeschickt.

Ich fühle mich heute so rot!

Schon mehrere Tage vorher wird ausgemacht, dass alle Schüler an einem bestimmten Tag z. B. rot gekleidet in die Schule kommen sollen und jeder einen beliebigen roten Gegenstand mitbringen darf. Klar, dass auch das Klassenzimmer in roter Farbe z. B. mit Luftballons (von der Sparkasse oder Bank) und mit Krepppapierstreifen geschmückt wird.
Ja, vielleicht gibt es sogar noch rote Limonade zu trinken! Ein Spaß für alle Schüler und ein Beitrag zur Klassengemeinschaft, spätestens wenn in

der großen Pause die Schüler der anderen Klassen fragen: „Warum seid ihr heute so rot?"
So ein „roter" Tag eignet sich natürlich auch prima dafür, die Rottöne zu vergleichen: „Steffis Hose ist tomatenrot!" „Floris Pulli ist rostrot!" „Theresas Socken sind weinrot!" usw.

Tipp: Damit manche Kinder nicht in Bedrängnis kommen, wird klargestellt, dass sie nicht von Kopf bis Fuß rot gekleidet sein müssen!

Der Froschkönig

Der Froschkönig ist ein altes, blindes Tier, das aber über sehr gute Ohren verfügt. So sitzt der König also mit verbundenen Augen auf dem Stuhl und harrt der Dinge, die da kommen werden.
Nach und nach treten die Frosch-Untertanen vor den König hin und quaken lauthals. Kann der König wohl seine Frösche am Quaken unterscheiden?
Ihre Majestät ist so lange im Amt, solange sie nach jedem Quaken den richtigen Namen des Frosches nennt, z. B.: „Du bist mein Frosch Philly."
Tippt der König aber daneben, ist seine Amtszeit vorüber und der unerkannte Frosch wird Froschkönig.

Der Zauberer

Ein Kind bekommt eine Trommel und trommelt ganz nach Belieben einmal leise, langsam, laut oder schnell. Die Mitschüler stehen im Bann dieses Trommel-Rhythmus und bewegen sich entsprechend.
Irgendwann hört der Zauberer auf zu trommeln. Sofort verharren alle Kinder an Ort und Stelle wie versteinert. Der Zauberer geht nun um seine versteinerten Figuren herum und wählt schließlich ein Kind aus, dessen Pose ihm am besten gefällt. Diesem Kind übergibt der Zauberer die Trommel und natürlich auch die Zauberkraft für die nächste Spielrunde.

Tipp: Eine gute Gelegenheit, einem schüchternen Kind auch einmal die „Macht" über seine Mitschüler zu verleihen.

Das Klassen-Quiz

Jeder Schüler erhält drei gleich große Kärtchen, auf die er jeweils eine Frage zu sich selbst, seinen Hobbys oder seiner Familie aufschreibt und dazu die Lösung notiert, z. B.:

Wer hat bei der Tischtennis-Kreismeisterschaft eine Goldmedaille gewonnen?	**Michi Gerhofer**
Wessen Mama heißt mit Vornamen Friedericke?	**Carolyn**
Wer hat einen Hund mit Namen „Fiffi"?	**Flori**
Wie heißt Katrins Hamster?	**Fiffi**

Auf diese Weise erhält man genügend Fragekärtchen, mit denen man dann ein Quiz gestalten kann.
Die Lehrerin liest eine Frage vor. Wer zuerst die richtige Antwort nennt, erhält die Karte. Wer am Ende die meisten Kärtchen erbeutet hat, gewinnt.

Tipp: Gegebenenfalls ist es sinnvoll, die Kärtchen zu limitieren, sodass jeder Schüler maximal drei erhält. Auf diese Weise verhindert man, dass die Quiz-Meister haufenweise Kärtchen ergattern und andere Schüler leer ausgehen.

Schüttelwut

Wenn man merkt, dass die Kinder besonders angespannt oder gar aggressiv werden, kann man ausprobieren, diese Wut abzuschütteln.
Alle Kinder stehen auf und schütteln jetzt nach dem Vorbild der Lehrerin

ein Körperteil nach dem anderen. Zuerst den Kopf, dann die Schultern, Arme, Hände, Beine, Füße und was sich sonst noch schütteln lässt. Ziemlich schnell stellt sich eine Art Befreiung ein.
Das Schütteln bewirkt eine Lockerung der angespannten Muskulatur, sieht lustig aus und man kann beobachten, wie die Schüler wieder gelöster, entspannter und fröhlicher werden.

Versteckt

Ein Kind verlässt den Raum und die anderen setzen sich auf den Boden. Jetzt wird ein Schüler ausgewählt, der sich klein zusammenkauert und mit einer Decke zugedeckt wird.
Alles fertig? Dann wird das Kind, das vor der Tür gewartet hat, zurückgerufen. Es schaut genau in die Runde, stellt fest, wer da ist und soll möglichst schnell sagen können, wer fehlt bzw. welcher Mitschüler unter der Decke versteckt ist.

Tipp: Sollte das Kind Schwierigkeiten haben, herauszubekommen, wer unter der Decke steckt, so darf es den Versteckten vorsichtig rütteln und bitten, einen Laut von sich zu geben.

Gute Nachbarschaft

Alle Kinder setzen sich Rücken an Rücken mit ihren Banknachbarn auf den Boden. Fragen Sie jetzt z. B.: „Welche Augenfarbe hat dein Partner?“
Wer es zu wissen glaubt, hebt

den Finger. Einige Schüler werden aufgerufen und dürfen die Augenfarbe des Partners nennen.

Weitere mögliche Fragen:

- „Welche Hobbys hat dein Partner?
- „Welches Fach mag dein Partner am liebsten?"

Rätselhafte Mitschüler

Die Lehrerin verbindet einem Schüler die Augen, führt ihn dann an der Hand durch das Klassenzimmer und legt am Schluss die Hand des „blinden" Kindes auf die Schulter eines Mitschülers. Der „Blinde" muss erraten, um welchen Mitschüler es sich handelt. Hat er richtig geraten, darf er den nächsten „blinden" Mitspieler durch das Klassenzimmer führen.

Variation:

Während dem Spieler die Augen verbunden werden, tauschen die Mitschüler ihre Plätze. Dann führt die Lehrerin den „Blinden" zu einem beliebigen Mitspieler in der Klasse. Der „Blinde" darf dessen Kopf kurz abtasten und soll dann möglichst schnell sagen, um wen es sich handelt.

Einer unter uns

Ein Schüler schreibt den Namen eines Mitschülers auf einen Zettel. Den Zettel faltet er zusammen und behält ihn bei sich. Die übrigen Kinder versuchen nun durch abwechselndes Fragen nach Eigenschaften herauszubekommen, wessen Name auf dem Zettel steht.

Antwortet der Spieler mit Ja, darf die betreffende Person weiterfragen. Lautet die Antwort Nein, stellt ein anderer Schüler die nächste Frage.

Wichtig bei diesem Spiel ist, dass nicht nur nach Äußerlichkeiten, sondern auch nach Charaktereigenschaften und Verhalten gefragt wird.

Nach dem Spiel sollten sich alle Kinder über den Spielverlauf unterhalten.

Wer war leicht zu erkennen? Warum?

Wer war nicht eindeutig zu bestimmen? Warum?

Fühlen sich die charakterisierten Personen gut getroffen oder nicht?

7 Immer wieder montags

Montagmorgen-Begrüßung

Die Schüler werden aufgefordert, jeden Mitschüler mit Handschlag zu begrüßen und ein paar nette Worte zu wechseln.
Klingt lustig? Das ist auch sehr lustig und weckt den müdesten Schüler aus dem Wochenendschlaf.
Erinnern Sie die Schüler daran, dass man sich bei einer Begrüßung anschaut!

Der Montags-„Star“

Die Namen aller Schüler werden auf kleine Zettel geschrieben, diese werden zusammengefaltet und in einer Schachtel aufbewahrt.
An jedem Montagmorgen zieht die Lehrerin mit geschlossenen Augen ein Los, faltet es auf und liest den Namen des Montags-„Stars“ vor. Der somit gewählte Star bekommt einen Stern (Sticker oder Sheriffstern) an die Brust geklebt und genießt den ganzen Schultag besondere Privilegien, z. B. die Klasse auf dem Weg zur Sporthalle anführen, eine Vorlesegeschichte aussuchen, ein Lied zum Abschluss des Schultages bestimmen.

Entspannungsmusik

Suchen Sie rechtzeitig ein paar entspannende, ruhige Musikstücke aus und halten Sie die Musik im Klassenzimmer bereit.
Wann auch immer die Stimmung der Kinder besonders aggressiv scheint, z. B. montags, schalten Sie die Musik ein und lassen Sie die Schüler begleitend zeichnen oder mit Plastilin arbeiten.
Es ist sinnvoller, den Unterricht für diese Zeit zu unterbrechen, als mit dem Stoff fortzufahren und ständig irgendwelche Störungen zu erdulden.

Kleine Zauberschule

Es gibt eine Menge Bücher auf dem Markt mit verblüffenden Zaubertricks. Kinder lieben solche Zaubereien.
Nun führt man einen Zaubertrick am Freitag in der letzten Stunde vor und verrät natürlich vorerst nicht, wie er funktioniert. Aber man verspricht, die Lösung am Montag in der ersten Stunde bekannt zu geben.
Viele Kinder rätseln das ganze Wochenende lang, wie der Trick wohl funktioniert. Am Montagmorgen sitzen die Schüler weitaus gespannter im Klassenzimmer als sonst, denn die Zauberkünstler lernen natürlich zuerst den Trick, bevor es um andere Unterrichtsfächer geht.

Montagsüberraschungen

Montage verlieren viel von ihrem Schrecken, wenn man am Freitag eine Montagsüberraschung verspricht.
Solche Überraschungen könnten z. B. sein:
- Ein Gastleser kommt.
- Es findet ein Montagmorgen-Überraschungsfrühstück statt.
- Wir machen einen Spaziergang.
- Ein Überraschungsgast kommt, z. B. ein Polizist, ein Glasbläser, ein Zauberer, „Michael Jackson", ...

- Für jeden Schüler liegt ein klitzekleines Geschenk auf seinem Platz.
- Eine Spielstunde findet statt, sie wird eingeläutet von einem im Klassenzimmer versteckten Wecker.
- Bringen Sie einen Gegenstand, den Sie für den Unterricht brauchen – in Pack- oder Geschenkpapier gewickelt – in den Unterricht mit. Wer von den Schülern zuerst errät, was in dem Paket steckt, darf es auswickeln und erhält einen kleinen Preis.

Tagesschau

- Was ist heute Besonderes los?
- Wer hat Geburtstag?
- Wer ist krank oder gerade nach einer Krankheit den ersten Tag wieder in der Schule?
- Wann geht die Sonne unter?
- Wie wird das Wetter?
- Steht ein Test an oder eine Vertretungsstunde?

Solche und ähnliche Neuigkeiten werden morgens vom Nachrichtensprecher der Klasse verbreitet. Jedes Kind ist an einem anderen Tag an der Reihe. Natürlich wird die Lehrerin mithelfen müssen, die Nachrichten zusammenzutragen.

Toll wäre es natürlich, wenn eine Melodie (wie bei der Tagesschau) die Nachrichten eröffnet und beschließt.

Die Weltnachrichten

Beginnen Sie jeden Schultag mit den Weltnachrichten! Eine Nachricht, von der die Schüler vielleicht morgens im Radio gehört haben, wird besprochen, das jeweilige Land auf dem Globus gesucht und ggf. auch über die Auswirkungen dieser Neuigkeit für unser Leben gesprochen.

Auch Erstklässler sind schon am Weltgeschehen interessiert! Nur hat zu Hause meistens keiner die Zeit, die Nachrichten kindgemäß zu erklären.

8 Tipps für unterwegs

Grundausstattung für Wanderungen

Wanderkarte

Klassenliste mit den Telefonnummern der Eltern

Erste-Hilfe-Kasten (auf dem neuesten Stand)

Ball (am besten ein aufblasbarer)

zwei Tüten (eine für Sammelgut, eine für Abfälle)

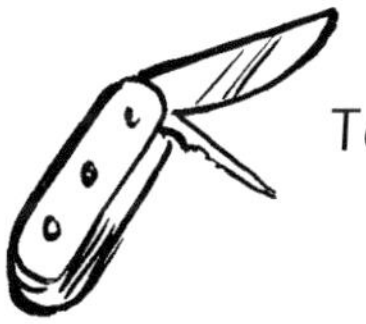

Taschenmesser

Trillerpfeife

← Sonnencreme

Mittel gegen Juckreiz nach Insektenstichen →

Lupe zum genauen Betrachten von Insekten, Pflanzen etc.

Fotoapparat

← Klopapier oder Küchenrolle →

Telefonkarte und Münzen oder ein Handy

feuchter Waschlappen in einer verschließbaren Plastiktüte oder in einer Seifenschale

Wir wandern

Auch der langweiligste Abschnitt einer Wanderung kann durch kleine Spielaktivitäten Spaß machen, z. B.:

- Die Schüler sollen alle ein Stück des Weges rückwärts gehen.
- Die Schüler hüpfen auf einem Bein bis zur nächsten Bank.
- Die Schüler watscheln als Vierfüßler bis zur nächsten Weggabelung.
- Die Schüler schalten ihre „Rotorblätter" ein, um neuen Schwung zu holen. Jeder kreist seine Arme und läuft dadurch immer schneller und schneller.
- Die Schüler singen (wenn möglich, alle dasselbe Lied).
- Strecken schätzen: Alle Schüler bleiben stehen. Jeder gibt einen Tipp ab, wie viele Schritte es wohl von hier bis zur großen Fichte sind.
  Die Lehrerin zählt ihre Schritte laut mit.
  Wessen Schätzung kommt der Wirklichkeit am nächsten?
- Ein Schüler schließt die Augen und wird von seinem Partner die nächsten 50 Meter geführt. Dann werden die Rollen getauscht.

Rückenbilder

Die Schüler legen sich nebeneinander bäuchlings auf die Wiese. Das erste Kind malt dem Nachbarn mit dem Finger ein Bild auf den Rücken. Das könnte z. B. ein Engel, ein Fahrrad oder ein Saurier sein.
Der Bildempfänger malt nun seinerseits das Bild seinem rechten Nachbarn auf den Rücken usw. Spannend, was wohl der Letzte in der Reihe noch empfangen wird?
Zur Kontrolle und allgemeinen Belustigung malt der letzte Schüler noch dem ersten die empfangenen Bildreste auf den Rücken und der erste Maler erklärt den Mitspielern, um welches Bild es sich anfangs gehandelt hat.

Das Natur-Mobile

Auf der Wanderung werden die Kinder beauftragt, nach besonderen Natur-Fundstücken Ausschau zu halten. Das kann z. B. ein kleiner Zapfen, ein Ästchen, ein leeres Schneckenhaus oder eine Feder sein.

Dann suchen alle gemeinsam im Unterholz nach einem abgestorbenen Ast, der möglichst viele Verzweigungen aufweist.
Wieder zurück im Klassenzimmer wird der Ast mit Nylonfäden (Angel- oder Drachenschnur) aufgehängt. An den Ast werden die Fundstücke gehängt.
Ein tolles Souvenir, das die Kinder noch lange an den Ausflug erinnern wird.

Das Wald-Hörspiel

Beim nächsten Ausflug, der durch den Wald führt, nimmt man einen Kassettenrekorder mit.
Wenn alle Kinder ganz leise sind, kann man viele verschiedene Geräusche wahrnehmen: Vogelstimmen, das Rauschen der Baumwipfel, das Knistern alter, dürrer Zweige unter den Schritten der Schüler und vieles mehr.
Wieder zurück im Klassenzimmer hören wir uns die Aufnahme mehrmals an. Wer erkennt die Geräusche?

Der Kinderbaum

Ein Baumstumpf, an dem man im Wald vorbeikommt, kann die Schüler einige Zeit lang begeistern.
Die Spielaufgabe besteht darin festzustellen, wie viele Schüler wohl auf dem Baumstumpf stehen können. Natürlich müssen sich die Kinder gut aneinander festhalten!
Wenn wirklich kein weiterer Schüler mehr auf den Baumstumpf passt, wird ein Foto von diesem außergewöhnlichen Kinderbaum geknipst, bevor er sich wieder in seine Einzelteile zerlegt.

Kampf auf dem Baumstumpf

Zwei Baumstümpfe im Wald, nicht zu weit auseinander, ein Seil und zwei mutige Kämpfer und schon ist ein tolles Spiel im Gange.

Beide Schüler stellen sich auf einen Baumstumpf und halten ein Ende eines Seils (Tuchs, Schals, ...) in der Hand.
Nun gilt es, durch geschicktes Anziehen und Lockerlassen des Seils den Gegner von seinem Baumstumpf zu ziehen.
So viel Kraft ist da gar nicht erforderlich! Fast immer entscheidet die Geschicklichkeit den Zweikampf.
Der Sieger darf einen weiteren Mitschüler zum Kampf herausfordern.

Die Fahnenträger

Wenn der erste Schüler einer Schulklasse und der letzte je eine Fahne tragen, wird die Klasse von Fahrzeugen bei weitem schneller wahrgenommen und die Fahrer können ihre Geschwindigkeit rechtzeitig verringern.
Eine Fahne kann man z. B. mit einem Stock und einem roten Tuch daran schnell selbst herstellen. Gut eignen sich auch zusammenschiebbare Zeigestöcke!

Die Wellpappen-Indianer

Alte Wellpappe wird in etwa 5 cm breite Streifen geschnitten. Jeder Streifen sollte so lang sein, dass er bequem um einen Kinderkopf passt. Er wird mit Heftklammern zusammengehalten.

Beim nächsten Ausflug erhält jeder Schüler so ein Wellpappen-Stirnband. In die offenen Pappröhren können die Kinder alle möglichen Dinge als Kopfschmuck hineinstecken. Federn eignen sich natürlich sehr gut, aber es sehen auch kleine Zweige oder Blumen sehr hübsch darin aus.
Wer sich den tollsten Kopfschmuck bastelt, wird Indianerhäuptling.

Erkennungszeichen

Wenn mehrere Betreuer beim Ausflug mitwandern, die die Namen der Kinder nicht kennen, wäre es nett, den Kindern kleine Namenskärtchen, z. B. breite Pflaster, anzuheften oder sie in eine Schar Indianer zu verwandeln, indem man für jedes Kind ein Stirnband aus Tonpapier anfertigt, auf das man in großen Druckbuchstaben den Vornamen des Kindes schreibt.

Die Klassenfarbe

Wenn man einen Ausflug an einen belebten Ort plant, z. B. in den Zoo, ist es ratsam, die Eltern vorher zu bitten, jedes Kind in einer bestimmten Farbe zu kleiden.
Rot wäre natürlich prima. So können die Lehrerin und die anderen Betreuer ihre Mannschaft wesentlich leichter zusammenhalten.
Natürlich muss ein Kind nicht ganz in dieser Farbe gekleidet sein. Es reicht ein Pulli oder T-Shirt, notfalls auch eine Baseball-Mütze in der entsprechenden Farbe.

Zapfen-Zielwurf

Jeder Spieler sammelt ganz schnell drei Tannen-, Fichten- oder Föhrenzapfen. Dann schaut sich jede Schülergruppe nach einem Wurfziel um, z. B. einem Baumstamm, einem Abfalleimer, und wirft abwechselnd je einen Zapfen danach.

Wer dem Ziel mit einem seiner Geschosse am nächsten kommt, ist Sieger und sammelt zum Trost für die Verlierer alle Zapfen ein und verteilt diese für die nächste Zielwurfrunde an seine Mitspieler.

Die Zerreißprobe

Zwei Schüler spielen gegeneinander. Jeder sucht sich einen möglichst langen, stabilen Grashalm. Ein Spieler biegt seinen Grashalm zu einer Schlaufe und hält beide Grashalmenden fest in der Hand.
Der Gegenspieler fädelt seinen Halm zuerst durch die Grashalmschlaufe des Spielpartners und biegt anschließend seinen Halm ebenfalls zu einer Schlaufe.
Auf die Plätze, fertig, los! Beide Spieler ziehen jetzt gleichzeitig an ihrem Halm. Welcher Grashalm reißt zuerst?

Das Wald-und-Wiesen-Kim

Auf einem Ausflug über Wiesen und durch den Wald sammelt man verschiedene Dinge, z. B. kleine Zapfen, Blätter, Moos, Rindenstückchen, Steinchen.

Unterwegs breiten wir die Dinge aus und suchen 16 verschiedene Gegenstände heraus, die wir dann z. B. auf dem Waldweg oder auf einem Baumstumpf auslegen.

1. Spielform
Ein Spieler prägt sich die Dinge sehr gut ein, schließt dann die Augen, während die anderen Spieler z. B. eine Jacke darüber breiten. Nun darf das Kind die Augen wieder öffnen und soll nun möglichst alle Dinge aus dem Gedächtnis aufzählen.

2. Spielform
Nachdem sich der Spieler die Dinge eingeprägt und die Augen fest zugekniffen hat, vertauschen die anderen Spieler zwei Dinge miteinander. Nun muss der Spieler (natürlich wieder mit offenen Augen) angeben, welche zwei Gegenstände vertauscht wurden.

Der Spaziergang der Woche

Jede Woche ein kleiner Spaziergang – egal zu welcher Jahreszeit und bei welchem Wetter – und man erfährt und lernt mehr über die Kinder und ihre Beziehungen untereinander, als eine extra dafür angesetzte Gesprächsrunde aufzeigen kann. Außerdem ist so ein Spaziergang gesund und hilft besonders an Montagen, Spannungen und Aggressionen abzubauen.

Dankeschön-Briefe

Nach Erkundungsfahrten ins Wasserwerk, in die Bäckerei, zur Feuerwehr oder wohin auch immer ist es eine nette Geste, den Menschen, die der Klasse dort freundlich den Betrieb gezeigt und jede Frage geduldig beantwortet haben, einen Dankeschön-Brief zu schreiben.
Die Leute dort haben es verdient und sind bei den nächsten Gästen umso motivierter, wenn sie dafür auch Anerkennung erhalten.

9 Und Grüße an die Eltern!

Gute Nachrichten

Oftmals hören die Eltern nur dann von der Lehrerin ihres Kindes, wenn irgendetwas Unangenehmes passiert ist. Das soll anders werden!
Rufen Sie die Eltern eines Schülers an, wenn es etwas besonders Gutes (in schlimmen Fällen: lange Zeit nichts Schlechtes) zu berichten gibt. Die Eltern freuen sich, das Kind freut sich und wird sich in Zukunft bestimmt noch mehr anstrengen.

Blaue Briefe:
Schicken Sie „blaue Briefe“ nach Hause, wann immer ein Schüler ein besonderes Lob verdient!

Das Klassenfoto-Puzzle

Knipsen Sie selbst ein Foto von Ihrer Klasse und lassen Sie davon ein Foto-Puzzle machen.
Es gibt günstige Anbieter, bei denen dieser Spaß nur ein paar Mark kostet. Die Schüler dürfen sich das Puzzle ausleihen und das Klassenfoto-Puzzle zu Hause zusammenlegen.
So können Mama, Papa, Oma und die Geschwister das Klassenfoto auch einmal betrachten und das Kind ist bestimmt stolz, nicht nur auf sein Puzzleergebnis, sondern auch darauf, den Familienmitgliedern die Mitschüler vorzustellen.

Video

Viele Eltern haben überhaupt keine Ahnung, was ihre Kinder so in der Schule tun. Das kann anders werden, wenn man bestimmte Aktivitäten der Schüler mit einer Videokamera filmt. Natürlich wird man die besonderen Tätigkeiten wie Theaterspielen und Ausflüge filmen, aber auch den ganz normalen, täglichen „Wahnsinn“, z. B. Eindrücke der Zeichenstunde, die Schüler beim Diktatschreiben. Dies wird den Eltern zeigen, was so alles in der Schule los ist. Erfahrungen haben gezeigt, dass gerade die Eltern,

die sonst nicht auf Elternabenden erscheinen, Interesse am Ausleihen der neuesten Videokassetten haben.
Und die Kinder sind natürlich mächtig stolz, wenn sie abends auf dem Sofa neben dem Papa sitzen und den Videoclip kommentieren dürfen.

Nachricht für die Eltern

Ein Nachrichtentisch wird mit einer weißen Papiertischdecke bedeckt. Jedes Kind darf nun eine Botschaft an seine Eltern schreiben, die die Eltern lesen sollen, wenn sie am Elternabend ins Klassenzimmer kommen.
Auf diese Weise sind Mamis und Papis beschäftigt, während man noch auf die restlichen Besucher warten muss. Erste Gespräche zwischen Eltern und Lehrer bzw. zwischen Eltern untereinander kommen zustande, wenn die Gäste gemeinsam am Nachrichtentisch stehen und die Botschaft ihrer Kinder suchen.
Natürlich dürfen die Schüler die Tischdecke auch mit Bildern, Mustern und dergleichen schmücken.

Die Doppelgänger

Einen Doppelgänger herzustellen ist an sich schon ein Vergnügen. Noch lustiger wird es, wenn wir die Doppelgänger für den nächsten Elternabend herstellen, um die lieben Eltern ein bisschen zu fordern!
Jedes Kind darf sich auf einen großen Bogen Packpapier oder auf ein Stück weiße Tapete legen. Der Partner fährt die Konturen des Kindes mit einem dicken schwarzen Filzstift nach.
Dann steht das Kind auf und darf seinen Doppelgänger noch entsprechend bemalen. Die Haare müssen eingefärbt, das Gesicht möglichst naturgetreu eingezeichnet werden, die Kleidung fehlt noch usw.
Ist das Kind schließlich mit seinem Doppelgänger zufrieden, schneidet es diesen aus und klebt ihn am Ende des Schultages auf seinen Stuhl. Das sieht wirklich super aus! Die Kinder stellen sich am besten an die Tafel und bewundern am Ende ihr Werk: die Papierschüler.
Wenn dann die Eltern abends eintreffen, staunen sie nicht schlecht! Aber

werden die Eltern auch ihr eigenes Kind in der Schülerschar entdecken und sich auf den richtigen Platz setzen? Na, da gibt es bestimmt einige Zwischenfälle, wenn sich Eltern ihre eigenen Kinder streitig machen wollen!

Diashow für Eltern

Knipsen Sie Ihre Schüler, während sie lesen, schreiben, nachdenken, ihre Pausenbrote essen, zeichnen, turnen usw.
Suchen Sie dann die tollsten Dias aus – jeder Schüler sollte mindestens einmal zu sehen sein – und überraschen Sie die Eltern beim nächsten Elternabend mit einer kurzen Diashow!

Tipp: Man kann zu diesem Zweck natürlich auch Fotos mit einer Polaroidkamera knipsen und die Fotos an einer Pinnwand aushängen. Leider sind Polaroidfilme aber ziemlich teuer!

Anschauungsmaterial

Dort, wo während des Elternsprechtages die Stühle für die Wartenden stehen, gehört auch ein Tisch, auf dem die neuesten Produkte der Schüler ausgestellt sind. Das könnten sein: eine Mappe mit Schülerzeichnungen (falls die Wände keine weiteren mehr aufnehmen können), lustige Aufsätze, Werkstücke, ein Plakat mit Fotos der Schüler, neue Bücher, die es in

der Klassenbibliothek auszuleihen gibt, Informationsmaterial zu neuen Lehr- und Lernmaterialien usw.
Eltern, die sich sonst kein bisschen um solche Dinge kümmern, schmökern willig in diesen Materialien, weil es ihnen langweilig ist. Aber wer weiß, vielleicht wird ja gerade dabei Interesse geweckt?

Partner statt Gegner

Wählen Sie den Platz für die Eltern und Ihren Platz so, dass sie nicht an gegenüberliegenden Seiten eines Tisches sitzen! Schon die Sitzposition sollte klarlegen, dass hier beide Seiten zusammen und nicht gegeneinander arbeiten!

Ende gut …

Beenden Sie jedes Elterngespräch unbedingt mit einem positiven Gedanken! Eltern, die das Sprechzimmer niedergeschlagen verlassen, kommen das nächste Mal sicherheitshalber gar nicht!

Das Lernspielebuch für zu Hause

Es gibt so viele wirklich lustige Lernspiele, die die Kinder liebend gerne spielen und dabei das Rechnen, das Buchstabieren usw. lernen.
Solche Spielanregungen werden kopiert, zusammengeheftet und den Eltern, z. B. am Elternsprechtag, geschenkt – mit der Bitte um häufigen Gebrauch.

10 Mit Freude an die Hausaufgaben

Die Hausaufgaben-Sieger

Eine Klassenliste wird auf ein größeres Blatt Papier geklebt. Neben den Namen der Schüler werden acht Spalten – jede repräsentativ für eine Schulwoche – aufgezeichnet.

HAUSAUFGABEN-SIEGER								
	1. Wo.	2. Wo.	3. Wo.	4. Wo.	5. Wo.	6. Wo.	7. Wo.	8. Wo.
Bauer Micha	☆	✗	✗	☆	☆	✗		
Bromme Uli	☆	☆	✗	✗	✗	✗		
Dorfner Sandra	☆	✗	✗	✗	☆	☆		

Bringt ein Schüler eine ganze Woche lang alle Hausaufgaben, so wird in diese Spalte ein Stern (Klebesterne von Weihnachten) geklebt. Vergisst er aber eine Hausaufgabe, so ist seine Chance für diese Woche vorbei.
Am Ende der Woche, wenn die Sterne vergeben werden, erhält jeder „Star“ ein kleines Geschenk.
Wer schafft es, in einer Zeit von acht Wochen die meisten Sterne zu ergattern?

Das Sternchen-Fest

Jeden Tag, an dem die ganze Klasse alle Hausaufgaben erledigt hat, erhält die Klasse zur Belohnung ein Sternchen. Sobald zehn Sterne zusammengekommen sind, werden die Schüler mit einem einstündigen Sternchen-Fest belohnt.

Highlights auf dem Sternchen-Fest sind z. B.:

- Vorlesegeschichten,
- Popcorn-Zubereitung,
- Spiele aller Art,
- ein Mini-Ausflug,
- eine Filmvorführung,
- ein „Kaffeekränzchen“ mit Kakao und Kuchen,
- eine Extra-Sportstunde mit Schlittschuhlaufen und Schwimmen.

Wahl-Hausaufgabe

Eine Hausaufgabe wird viel interessanter, wenn der Schüler eine Auswahlmöglichkeit hat und z. B. aussuchen darf, ob man auf einer Seite im Mathebuch alle ungeraden Nummern oder alle geraden Nummern bearbeiten will.

Besprechungs-Hausaufgaben

Viele Eltern nehmen sich nicht die Zeit, mit ihren Kindern über alltägliche oder außergewöhnliche Gedanken und Probleme zu sprechen, jedoch wollen die meisten Eltern, dass ihre Kinder die Hausaufgaben ordentlich machen. Darum kann man sehr gute Erfolge mit Besprechungs-Hausaufgaben erzielen.
Kommunikation zwischen Eltern, Kindern und Geschwistern wird in Gang gesetzt, Fantasie und Kreativität werden angeregt, alte und junge Familienmitglieder lernen unterschiedliche Standpunkte kennen, die Eltern und Geschwister bekommen zumindest am Rande mit, welcher Stoff in der Schule gerade behandelt wird.
Je nachdem, welche Fragestellung sich gerade aus dem behandelten Unterrichtsstoff ergibt, wird die Besprechungs-Aufgabe verbalisiert und von den Schülern ins Aufgabenheft geschrieben.

Beispiele:

- Angenommen, deine Familie dürfte drei neue Gesetze erlassen, an die sich alle Menschen der Welt halten müssten. Welche Gesetze wären das?
- Wie kommt es, dass eine Tier- oder Pflanzengattung ausstirbt?
- Was kann jede Familie zum Erhalt einer sauberen Umwelt beitragen?
- Was würde sich verändern, wenn die Menschen 500 Jahre alt werden könnten?

Die Zeitungsreporter

Aus vielen alten Zeitungen schneidet man kurze Artikel aus, deren Inhalt dem Interesse der Kinder entspricht.
Dann schneidet man kurze Artikel der Länge nach in zwei Hälften, hebt eine Hälfte auf und verteilt die übrigen an die Schüler. Jeder Schüler klebt nun seine Artikelhälfte an den linken Rand eines großen Blattes.
Als Hausaufgabe sollen die Schüler versuchen, den Artikel wieder zu vervollständigen. Dazu schreiben sie die von ihnen ergänzten Wörter oder Teilsätze direkt neben dem Artikel auf das Blatt.
Selbstverständlich muss die Ergänzung keineswegs genau dem ursprünglichen Text entsprechen. Aber es soll so ergänzt werden, dass sinnvolle Sätze entstehen und am Ende ein einigermaßen sinnvoller Artikel entsteht, den die Schüler am nächsten Tag vorlesen dürfen.
Als Auflösung erhält dann jedes Kind die zweite Hälfte seines Artikels, die es neben die erste legt, und so den ganzen Text einmal durchlesen kann.

Die Hausaufgaben-Lotterie

Auf kleine Zettel wird je eine Zahl geschrieben, entsprechend der Anzahl der Schüler. Dann rollt man jeden Zettel zusammen und steckt diesen in einen Strohhalmabschnitt. So entstehen richtige Lose.
Am Morgen darf jeder Schüler ein Los ziehen und es ungeöffnet unter seine Bank legen. Benimmt sich ein Schüler auffällig daneben, muss er sein Los dem Lehrer zurückgeben. Aber meistens kommt es gar nicht

dazu, denn allein die Vorwarnung reicht häufig aus, um das Verhalten eines Schülers zu verbessern.
Am Ende des Schultages greift der Lehrer in eine Schachtel, in der ebenfalls die Zahlen von 1 bis beispielsweise 24 vorhanden sind, zieht ein Los heraus und liest laut die Nummer darauf vor. Jetzt darf jeder Schüler sein Los öffnen. Wer das Los besitzt, dessen Nummer gezogen wird, braucht an diesem Tag keine Hausaufgabe zu machen!

Hausaufgabe

Eine Hausaufgabe wird für die Schüler umso einsichtiger, wenn man ihnen speziell für diese Hausaufgabe die Notwendigkeit aufzeigt.

Der Hausaufgaben-„Oscar“

Als „Oscar“ dient ein Negerkuss, ein Lutscher oder eine andere begehrenswerte Kleinigkeit.

Einen „Oscar“ verliehen zu bekommen ist nicht so einfach. Erst einmal muss man seine Hausaufgabe ordentlich gemacht haben und dann braucht man auch noch eine Portion Glück.
Die Lehrerin legt die korrigierten und als ordentlich befundenen Hefte auf einen Stoß und schließt die Augen. Ein Schüler mischt jetzt die Hefte wie Spielkarten und die Lehrerin zieht ein Heft aus dem Stapel.
Dem Heftbesitzer wird schließlich feierlich der „Oscar“ verliehen.

Geheimbotschaft im Koordinatensystem

Schüler, die mit dem Koordinatensystem gerade vertraut gemacht wurden, werden diese Hausaufgabe mit Begeisterung lösen.
Zuerst überlegt man sich eine kleine Überraschung für die Schüler, z. B. „Am Mittwoch ist Wandertag“ oder „Morgen keine Hausaufgabe“.
Dann zeichnet man ein kleines Koordinatensystem und überträgt in die Koordinatenpunkte die Buchstaben, aus denen die Botschaft besteht. Unbenutzte (leere) Koordinatenpunkte werden mit beliebigen weiteren Buchstaben gefüllt.

5	H	R	X	F	K
4	D	P	S	M	Z
3	G	V	O	B	I
2	Q	E	X	U	N
1	C	O	A	V	W
0	1	2	3	4	5

Unter das Koordinatensystem schreibt man die verschlüsselte Botschaft.

(4/4) (3/3) (2/5) (1/3) (2/2) (5/2) (5/5) (2/2) (5/3) (5/2) (2/2)
(1/5) (3/1) (4/2) (3/4) (3/1) (4/2) (4/5) (1/3) (3/1) (4/3) (2/2)

Wetten, dass alle Kinder gerne über dieser Hausaufgabe brüten?

11 Heute wird gefeiert

Ein Thron für Geburtstagskinder

Eine tolle Sache, wenn man an seinem Geburtstag morgens ins Klassenzimmer kommt und sein kleines Stühlchen in einen Thron verwandelt ist! Eine dunkelrote Decke, z. B. aus Dekosamt, ist eigentlich alles, was man dazu braucht. Wer will, kann aber noch zusätzlich ein paar Luftballons am Thron anbringen und dem Geburtstagskind ein spezielles Geburtstags-Set mit einer klitzekleinen Geburtstagskerze auf den Tisch legen.
Wetten, dass sich dieses Kind heute wirklich wie ein König fühlt und dieses Extra wahrscheinlich ewig in Erinnerung behält?

Post von der Lehrerin

Zugegeben, es macht Arbeit und kostet Geld, aber der Erfolg ist es wert, jedem Kind in der Klasse mit der Post eine Geburtstagskarte zu schicken!

Geburtstags-Privilegien

Wer Geburtstag hat, ist an diesem Tag auch in der Schule fein heraus.
Er darf besonders beliebte Aufgaben ausführen, wie Blumen gießen oder das Lied zum Abschluss des Tages aussuchen. Er darf sich vielleicht auch eine Geschichte aussuchen, die von der Lehrerin vorgelesen wird, oder ein Spiel, das der ganzen Klasse – und ihm besonders – Freude macht.

Der halbe Geburtstag

Wenn in der Klasse die Geburtstage der Kinder auf eine besondere Art gefeiert werden, bzw. wenn die Geburtstagskinder gewisse Privilegien, z. B. einen hausaufgabenfreien Nachmittag, genießen, ist es natürlich für all diejenigen bitter, die an einem Wochenende oder in den Ferien Geburtstag feiern.
Aber da gibt es auch wieder einen kleinen Trick – nämlich den „halben

Geburtstag“ feiern. Hat ein Kind z. B. in den Sommerferien am 15. August Geburtstag, wird statt dessen sein „halber Geburtstag“ am 15. Januar gefeiert.

Geburtstagskinder

Kinder sind so stolz, wenn sie Geburtstag haben, und es ist wichtig, dass man auch in der Schule diese Geburtstage nicht vergisst.
Einige Vorbereitungen sind nötig für diese ganz besondere Hervorhebung. An der Eingangstür der Schule oder in der Pausenhalle wird ein großes Plakat angebracht, z. B.:

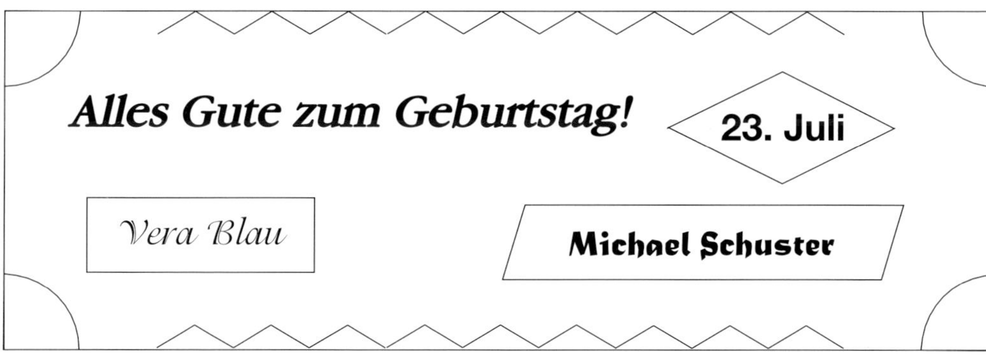

Die Namensschildchen werden dem Tag entsprechend ausgewählt und mit Tesa angeklebt. Was für ein Erlebnis, wenn dann eines Tages der eigene Name am Geburtstagsplakat klebt.

Wichtig: Für alle Kinder, deren Geburtstag auf einen Tag am Wochenende oder einen Ferientag fällt, gibt es eine ganz besondere Überraschung: Am ersten Schultag nach den Ferien werden die Namen der Geburtstagskinder von der Rektorin persönlich über die Lautsprechanlage der Schule vorgelesen!

Der Geburtstagsausweis

Ein Geburtstagsausweis wird aus einem etwa scheckkartengroßen Stück Pappe hergestellt, das man mit buntem Papier beklebt und mit den Worten „Geburtstagsausweis“ beschriftet. In eine Ecke des Ausweises wird mit dem Locher ein Loch gestanzt. Jetzt kann man ein Bändchen durch dieses Loch fädeln, sodass das Geburtstagskind den Ausweis wie eine Kette um den Hals tragen kann.
So ein Ausweis erinnert nicht nur Schüler und Lehrer den ganzen Tag daran, dass da ja ein Geburtstagskind unter ihnen ist, der Ausweis bewilligt dem Träger auch spezielle Privilegien, z. B.:

- einen beliebigen Klassen-Job, z. B. Tafelwischen, zu übernehmen, wann immer das Kind das möchte;
- an diesem Tag keine Hausaufgabe machen zu müssen;
- nicht mündlich ausgefragt zu werden;
- bei einem Spiel oder im Sportunterricht Spielführer zu sein.

Klitzekleine Geburtstagswünsche

Ein großes, eventuell sogar farbiges Blatt Papier wird in so viele Kästchen unterteilt, wie Schüler anwesend sind.

Jeder Schüler darf nun ein Feld mit Wünschen für das Geburtstagskind beschriften und bemalen. So entsteht eine große, lustige und einzigartige Geburtstagskarte, über die sich das Geburtstagskind bestimmt freuen wird. Natürlich muss die Lehrerin auch ein Kästchen ausfüllen!

Festbeiträge

Wie kann man alle Spieler dazu bringen, mit einer künstlerischen Einlage zum Klassenfest beizutragen? Ganz einfach: Wir machen ein Spiel daraus. Zuerst ersinnt man viele kleine Aufgaben und schreibt jede auf einen Zettel, z. B.:

- Sage das Alphabet rückwärts auf!
- Singe eine Textaufgabe, z. B. auf die Melodie von „Alle meine Entchen“, vor!
- Jongliere drei Ballons in der Luft, während du einen Anorak anziehst!
- Erzähle einen Witz!

Es werden also genauso viele Zettel beschrieben, wie Kinder in der Klasse sind.
Während des Festablaufs wird ein Kind nach dem anderen aufgefordert, ein Aufgabenlos aus einem Körbchen zu ziehen, die Aufgabe vorzulesen und auch gleich zu erfüllen.

Die Heinzelmännchen & Co. KG

Anfang Dezember beginnt der Heinzelmännchenspaß mit einer Verlosung. Dazu werden die Namen aller Schüler auf Zettel geschrieben, diese werden zusammengefaltet und in ein Körbchen gelegt. Jeder Schüler zieht nun einen Zettel, liest den Namen und steckt den Zettel – vorausgesetzt, es steht nicht zufällig sein eigener Name darauf – ein.
Niemand verrät ein Sterbenswörtchen, welchen Namen er gezogen hat. Ja, und dann treten alle Heinzelmännchen ihre Dienste an. Da versteckt man vielleicht eine Süßigkeit in der Anoraktasche „seines Kindes“ oder man stellt ihm einen winzigen Schokoladen-Nikolaus oder ein Kerzchen auf den Tisch.

Ja, so ist das bei den Heinzelmännchen und die Zeit der guten Taten dauert an bis zum Beginn der Weihnachtsferien, vorausgesetzt, das Kind erfährt nicht vorher, wer sein Heinzelmännchen ist. Das wäre nämlich schade, denn dann hört der Heinzelmännchen-Spuk auf – wie in der berühmten Geschichte der kleinen, hilfsbereiten Zwerge.

Fotografieren

Engagieren Sie für das nächste Schulfest oder den nächsten Klassenausflug die Mutter oder den Vater eines Schülers als offiziellen „Schulfotografen“! Meistens ist man ja bei solchen Gelegenheiten viel zu beschäftigt, um selbst noch gute Fotos zu machen. Doch wie schade ist es, wenn es dann von solchen Ereignissen keine Erinnerungsfotos gibt!

Büchsen-Glück

In ein aufgeblasenes, aber wasserloses Kinder-Planschbecken werden viele gleich große Dosen gestellt.
Die Spieler stellen sich hinter eine Abwurflinie, die etwa drei Meter vom Planschbecken entfernt ist. Nun darf jeder nacheinander mit beliebigen Münzen auf die Dosen werfen. Wessen Geldstück tatsächlich auf einer Dose liegen bleibt, erhält den 10fachen Wert seiner Münze als Gewinn ausgezahlt.

Schloss-Knacker

Auf einem Tisch liegen nebeneinander zehn Schlösser (oder Kassetten), zu denen jeweils ein anderer Schlüssel passt. Alle Schlüssel hängen mit einigen weiteren an einem dicken Schlüsselbund.
Wer sich als Schloss-Knacker versuchen will, bekommt den Schlüsselbund ausgehändigt und hat genau drei Minuten Zeit, alle Schlösser aufzusperren. Gelingt dem Schloss-Knacker diese schwierige Aufgabe, hat er einen Preis redlich verdient.

Tipp: Wer es nicht ganz so schwierig machen will, der hängt an den Schlüsselbund nur die zehn Schlüssel, die tatsächlich gebraucht werden.

Das Stein-Roulette

Für dieses Spiel braucht man gute Nerven, es ist nämlich wirklich sehr, sehr spannend.
Die Lehrerin bereitet dieses Spiel alleine vor!
30 undurchsichtige Becher werden mit der Öffnung nach unten auf den Tisch gestellt. Unter 25 Bechern versteckt man je einen kleinen Preis (ein Gummibärchen, einen Keks, einen Lutscher usw.). Unter fünf Bechern aber liegen die Steine.
Der erste Schüler versucht sein Glück. Er darf nun Becher für Becher anheben und die darunter versteckten Preise einstecken.
Aber! Hebt er einen Becher an, unter dem ein Stein liegt, muss er alle bereits eingeheimsten Preise wieder zurücklegen. Es heißt also bescheiden sein und rechtzeitig von selbst aufhören. Dann nämlich gehören dem Spieler alle Preise unwiderruflich.
Nach jedem Durchgang werden die Preise wieder ergänzt und die Becher neu gemischt.

Anziehspaß mit Luftballon

Nacheinander bekommt jeder Schüler die Aufgabe, sich einen Anorak anzuziehen, eine Mütze aufzusetzen, einen Schal um den Hals zu wickeln und dicke Handschuhe überzustreifen – das alles jedoch, während er einen aufgeblasenen Luftballon in der Luft jongliert. Fällt der Ballon zu Boden, ist der nächste Schüler an der Reihe.
Wer kann sich trotz des Hindernisses schnell anziehen?

Weihnachtssocken

Für dieses vorweihnachtliche Tastspiel braucht man etwa 20 partnerlose Socken. In je zwei verschiedene Socken werden gleiche Gegenstände gesteckt, z. B. zwei Tannenzapfen, zwei Kerzen, zwei Ausstechförmchen, zwei Walnüsse.
Die Weihnachtssocken werden mit Wäscheklammern an eine Wäscheleine gehängt, die man im Klassenzimmer spannt. Nun werden die Socken noch mit Nummern von 1 bis 20 versehen und das Spiel kann beginnen.
Jeder Schüler darf die Dinge in den Socken vorsichtig abtasten und auf dem Block notieren, in welchen beiden Socken seiner Meinung nach die gleichen Gegenstände stecken, z. B. 1 + 7, 2 + 19, 3 + 4.
Hat schließlich jeder Schüler die Weihnachtssocken abgetastet, findet die Kontrolle der Ergebnisse mit allen Schülern statt. Die Kinder geben ihre Vermutungen an, nehmen die Socken von der Leine und holen die versteckten Dinge heraus. Wer hat die meisten Treffer?

12 Ende gut, alles gut!

Fünf-Minuten-Füller

Es passiert ja nicht oft, dass bis zum Stundenende noch ein paar Minuten Zeit ist. Wenn aber doch, dann sind diese Füller Knüller:

- Ein Gemälde wird vorgestellt. Die Kinder lassen das Bild auf sich wirken und erzählen dann, was ihnen gefällt oder nicht, was an diesem Bild Besonderes ist und welchen Titel sie dem Gemälde geben würden.
  Die Lehrerin nennt den Namen des Malers und erzählt vielleicht noch Interessantes aus dem Leben des Künstlers.
- Ein neues Buch aus der Klassenbibliothek wird vorgestellt.
- Wissenswertes zum jeweiligen Tag (geschichtliche Ereignisse, ...) wird von einem Kalenderblatt vorgelesen.
- Ein Musikstück wird angehört.
- Die fünf Minuten Extrazeit werden zum Aufräumen des Klassenzimmers genutzt.
- Die Schlagzeilen aus der Tageszeitung werden vorgelesen oder aus gegebenem Anlass ein ganzer Artikel.
- Die Schüler erzählen Witze oder lesen welche aus einem Witzebuch vor.
- Passend zur Jahreszeit wird ein kurzes Gedicht vorgelesen.
- Steht ein besonderes Fußballspiel an, werden Wetten abgeschlossen, wer gewinnt und mit welchem Ergebnis. Wer den besten Tipp abgegeben hat, erhält dann am nächsten Tag einen kleinen Preis.
- Ein Tanz zu fetziger Musik entspannt die Muskeln und hilft den angestauten Bewegungsdrang zu kompensieren.
- Jeder Schüler gibt einen Tipp ab, wie das Wetter am nächsten Tag um die gleiche Zeit sein wird, z. B. Regen bei 12 °C. Wer das Wetter am genauesten vorhersagt, erhält am nächsten Tag eine Belohnung.
- Jeder Schüler soll ein Argument auf den Block schreiben, warum es gut ist, ein Schüler zu sein.

Tic-Tac-Toe-Lernzielkontrolle

Am Ende einer Schulstunde – als Zusammenfassung des Gelernten – ist dieses spannende Spiel gedacht.

Die Schüler werden in zwei Mannschaften X und O geteilt. An der Tafel ist ein Mini-Spielplan, bestehend aus neun Feldern, zu sehen.
Nun stellt die Lehrerin Fragen zum Stoff der Stunde. Wer zuerst die Frage richtig beantwortet, darf – entsprechend dem Zeichen seiner Gruppe – eines der neun Felder mit einem X oder einem O belegen.
Die Gruppe, die zuerst drei zusammenhängende Felder waagrecht, senkrecht oder diagonal besetzt hat, gewinnt das Spiel.

Tipp: Für eine etwas ausführlichere Wiederholung wird das Spielfeld auf 16 Felder erweitert. Nun muss jede Gruppe versuchen, vier zusammenhängende Felder zu belegen.

„Zementiertes" Wissen

Freitags, in der letzen Schulstunde, wenn allgemein Wochenendstimmung herrscht und es zwecklos erscheint, mit dem Stoff weiterzumachen, ist der richtige Zeitpunkt für dieses Spiel gekommen.
Fordern Sie die Schüler auf, still für sich mit geschlossenen Augen die ganze Schulwoche noch einmal im „Zeitraffer" zu überdenken. Was haben wir alles gelernt? Was war wohl das Wichtigste?
Gehen Sie mit der Klasse hinaus auf den Schulhof oder – falls dieser nicht asphaltiert ist – auf den Lehrerparkplatz. Kennzeichnen Sie ein nicht allzu großes Feld auf den Asphalt, unterteilen Sie das Feld in so viele kleinere Felder, wie Schüler anwesend sind, und verteilen Sie Kreide an die Schüler.
Jetzt darf jeder in seinem Feld all das „zementieren", was er sich von der vergangenen Schulwoche gemerkt hat, was er als das Wichtigste erachtet und nicht mehr vergessen will.

Ende gut, alles gut!

Dieses Sprichwort trifft auch auf einen Schultag zu. Beenden Sie den Tag freundlich und fröhlich. Lassen Sie es nicht zu, dass die Kinder mit dem Gongschlag aus dem Klassenzimmer platzen. Ein gemeinsames Lied, eine

positive (!) Rückschau auf den Schultag und ein gemeinsames Verabschieden gebietet nicht nur die Höflichkeit, es hilft den Kindern, auch den nächsten Morgen mit einer positiven Schuleinstellung zu beginnen.
Quälen Sie sich am Ende eines Schultages nicht mit dem Gedanken, was Sie alles nicht geschafft haben und welche Augenblicke Sie nicht genutzt haben. Denken Sie vielmehr an alles Gute, das Sie getan haben, wie viel Geduld Sie hatten, wie viele aufmunternde Worte Sie gesprochen haben und beenden auch Sie den Schultag mit einem Lächeln und ein wenig Stolz auf die geleistete Arbeit.

Wir schreiben uns eine Ansichtskarte

Die Schüler werden aufgefordert, in den Ferien eine Ansichtskarte an ihre Klasse, mit der Adresse der Schule, zu schreiben. Die Ansichtskarten werden am ersten Schultag gelesen und anschließend an die Pinnwand geheftet.
Keine Angst vor Angebereien! Meine Befürchtungen, dass es dabei zu einem Geltungsgerangel nach dem Motto „Wer war weiter weg?“ kommen würde, traten nicht ein! Im Gegenteil! Die Kinder waren total fasziniert, als ein Kind, das seine Ferien zu Hause verbrachte, vom Fischen mit seinem Onkel erzählte. Die Urlaubsgrüße aus Bali mit einem balinesischen Tempel auf der Rückseite ließen sie dagegen kalt.

Ansichtskarten-Lotterie

Die Namen mit den jeweiligen Adressen aller Schüler und der Lehrerin werden einzeln auf Zettel geschrieben.
Die Zettel faltet man zusammen und steckt sie in eine Schachtel. Am letzten Schultag zieht jedes Kind einen Zettel, schaut nach, ob sich nicht zufällig der eigene Name darauf befindet und steckt den Zettel, ohne ein Wort zu verraten, ein.
Während der Ferien soll nun jeder dem Kind, dessen Namen er gezogen hat, einen Brief oder eine Ansichtskarte schreiben.

Der Schnuppertag

So ein aufregender Schnuppertag findet in der letzten Woche des Schuljahres statt.
Alle Drittklässler dürfen probeweise in das Zimmer der vierten Klasse und werden einen Schultag mit der Lehrerin der vierten Klasse (egal, ob das dann auch tatsächlich die neue Klassenlehrerin wird) verbringen.
Die Zweitklässler machen erste Erfahrungen im Raum der dritten Klasse, Erstklässler dürfen sich einen Tag lang wie Zweitklässler fühlen und für die Kindergartenkinder wird es besonders spannend, wenn sie – etwa eine Stunde lang – im zukünftigen Schulzimmer Probe sitzen dürfen.
Es wird gesungen und gespielt, gelernt und gebastelt. Die Lehrerin gibt einen Einblick in die neuen Inhalte des nächsten Schuljahres und vielleicht ist an diesem Tag auch noch Zeit, neue Lehrmittel und Lernmittel kennen zu lernen.
Vielleicht wird an diesem Tag ein gemeinsames Bild gemalt, das dann am ersten Schultag schon als etwas Vertrautes die Wand des neuen Klassenzimmers schmücken wird.

Tarzan

So oft werden Kinder ermahnt, leise zu sein. Am letzten Schultag aber, zur Feier des Tages, darf jeder seinen persönlichen Tarzan-Urschrei ertönen lassen, dass die Fenster wackeln und auch der Letzte im Ort merkt, dass heute ein ganz besonderer Tag für Schulkinder ist.

Ferien-Countdown

1. Ein Ferienwartekalender zum Ausmalen ist bei Kindern besonders beliebt. Jeden Tag darf ein anderer Schüler eine Figur auf dem „Ferienwartekalender" aussuchen und bunt anmalen.

2. Der Kresse-Kalender
   Etwa zehn Tage vor Ferienbeginn darf jede Partnergruppe ein Minibeet für Kresse am Fensterbrett anlegen. Dazu legt man ein Zellstofftuch auf einen Teller, macht es gut nass, streut die Kressesamen darauf und wässert sie gut ein.
   Ja, und dann muss man nur noch warten und fleißig gießen. Jeden Tag sind die Pflänzchen ein sichtbares Stück gewachsen.
   Am letzten Schultag dann wird die Kresse geerntet, auf Butterbrote gestreut und gemeinsam gegessen.

Endlich Ferien!

Die Kinder freuen sich natürlich riesig auf die Ferien. Die Eltern dagegen teilen diese Freude nur begrenzt. Oftmals ist es ihnen zwar möglich, sich zwei oder drei Wochen intensiv mit den Kindern zu beschäftigen, weil sie selbst Urlaub haben, aber die wenigsten Eltern werden die ganze Ferienzeit über für ihr Kind da sein können.
Nun hört man immer wieder die Klage der Eltern, dass die Kinder dann – allein zu Hause – die meiste Zeit vor dem Fernseher oder vor dem Computer verbringen.
Um Eltern und Kindern zu helfen, kann man am letzten Schultag eine Liste austeilen, auf der man möglichst viele Beschäftigungsideen anbietet, die die Kinder auch allein durchführen können, ohne dass dabei ein Unglück geschehen kann.

Tipp: Legen Sie auch eine Liste mit Buchtiteln bei, von denen Sie sich wünschen würden, dass die Kinder das eine oder andere Buch in den Ferien lesen würden!

Spiel- und Spaßideen für die Sommerferien

Camping
Baue im Garten, auf dem Balkon, im Hinterhof oder notfalls auch in deinem Zimmer ein Zelt auf.
Wer kein richtiges kleines Zelt besitzt, kann sich aus Planen, Decken, Schnüren und Steinen selbst eines machen.
Wichtig: Innen gemütlich auspolstern!

Der Lesespaziergang
Geh über eine Wiese oder durch den Park und lies dabei eine kurze Geschichte oder ein Gedicht.

Insekten-Detektiv
Suche dir im Garten oder im Park ein bestimmtes Insekt aus, z. B. eine Biene, und folge ihm so lange wie möglich. Beobachte genau was es tut!

Das Ferien-Tagebuch
Lege ein kleines Heft als Ferien-Tagebuch an, trage ein, was du so alles machst, klebe Bildchen, Pflaster, Bonbonpapier, Eintrittskarten usw. in das Tagebuch!

Das Autogramm-Büchlein
Wieder brauchst du ein kleines Heft. Nun versuchst du, während der Ferien so viele verschiedene Autogramme wie möglich zu sammeln. Natürlich gelten da nicht nur Unterschriften berühmter Personen, sondern genauso die Unterschrift von der Gemüsefrau an der Ecke, vom Eismann im Park, vom Tierwärter im Zoo usw.

Pflanzen pressen
Sammle Blüten und Blätter und presse sie zwischen dicken Büchern. Im Herbst und Winter kann man mit den gepressten Pflanzen interessante Bilder kleben.

Der Fahrrad-Parcours
Baue an einer Stelle, an der du bestimmt niemanden störst, einen Fahrrad-Hindernis-Parcours auf. Du kannst z. B. um Steine Slalom fahren oder versuchen so langsam wie möglich eine Strecke von zehn Metern zurückzulegen.

Sommerlieder
Wie viele Lieder kennst du, in denen das Wort „Sommer“ vorkommt? Denk nach und versuche möglichst viele davon zu singen oder zu pfeifen.

Schnecken-Poker
Male auf ein Blatt Papier eine Scheibe mit drei Ringen auf. Setze mehrere Schnecken in die Mitte des innersten Ringes und beobachte! Welche Schnecke hat zuerst den äußersten Ring verlassen? Welche Schnecke kriecht als Erste vom Papier? Vergiss nicht, die Schnecken nach deinen Beobachtungen wieder dorthin zu setzen, wo du sie gefunden hast!

Die Tier-Safari
Auch wer die Ferien nicht in Afrika verbringt, kann auf Safari gehen und zwar im Hof, im Garten oder im Park! Nur muss man da ganz genau be-

obachten, denn die Tiere, die sich dort verstecken, sind meistens klein: Hummeln, Bienen, Mücken, Schnecken, Regenwürmer usw.
Wie viele verschiedene Tiere kannst du auf deiner Safari entdecken?

Mosaik-Bilder
Am Strand oder im Garten sucht man zuerst möglichst viele Steine, Stöckchen, Wurzeln und was man sonst noch so findet und legt dann aus diesem Material Bilder in den Sand, ins Gras oder auf den Asphalt.

Wasserbilder
Mit einer Gießkanne oder einer Spritzpistole kann man tolle Wasserbilder auf den Asphalt malen!

Die Steine-Sammlung
Suche schöne Steine! Bürste sie sauber ab und fülle sie in eine Flasche. Gieße so viel Wasser dazu, dass die Flasche randvoll ist und verschließe sie. Nach einer Weile, wenn sich die letzten Schmutzpartikelchen gesetzt haben, kannst du deine Steine-Sammlung bewundern. Nasse Steine sehen nämlich viel schöner aus als trockene!

Das Karton-Haus
Hole dir vom Lebensmittelladen Kartons und baue dir damit zu Hause ein Karton-Haus. Ein Dach aus einer Plastikplane schützt das Papphaus sogar vor leichtem Regen.
Übrigens kann man sich aus Kartons auch ein Indianerlager, eine Eisenbahn, ein Raumschiff und vieles mehr bauen!

Verdunstung
Nach einem Regenschauer suchst du eine Regenpfütze in der Nähe deines Hauses. Ziehe mit Kreide den Rand der Pfütze nach und besuche sie nun in regelmäßigen Abständen. Jedesmal wird die Pfütze ein bisschen kleiner geworden sein, weil das Wasser wieder verdunstet.
Markiere den Rand der Pfütze bei jedem Besuch!

Post!
Schreibe eine Ansichtskarte an deine Schulklasse!